Russian Step By Step

Natasha Alexandrova

Verbs of Motion

Illustrations by Elena Litnevskaya

Cover by Elena Litnevskaya

Edited by Anna Watt

Workbook 1

russianstepbystep.com

www.facebook.com/RussianStepByStep

First Edition

Verbs of Motion Workbook 1, Russian Step By Step

All rights reserved

Copyright © 2013 by Russian Step By Step

No part of this book may be reproduced or transmitted in any form or by any means, electronic or mechanical, including photocopying, recording, or by any information storage and retrieval system, without written permission from the author.

ISBN-13: 978-1483943145

ISBN-10: 1483943143

Printed in the United States of America

Русский шаг за шагом

Наташа Александрова

Глаголы движения

Иллюстрации Елены Литневской

Обложка Елены Литневской

Редактор Анна Вотт

Рабочая тетрадь 1

russianstepbystep.com

www.facebook.com/RussianStepByStep

Содержание

INTRODUCTION 6

ГЛАГОЛЫ ДВИЖЕНИЯ/ VERBS OF MOTION 8

УРОК 1 10

Идти – ходить 10

УРОК 2 19

Ехать – ездить 19

УРОК 3 27

Лететь – летать 27

УРОК 4 35

Бежать – бегать 35

УРОК 5 42

Плыть – плавать 42

УРОК 6 49

Вести – водить 49

УРОК 7 57

Нести – носить 57

ANSWER KEYS **65**

ОТВЕТЫ **66**

Introduction

Verbs of motion are an important aspect of Russian language, and they are most frequently used. You may have been told that verbs of motion are the hardest part of learning Russian. This is mainly because they are more specific and complex than English verbs that indicate motion.

On the other hand, the English language has 16 tenses: Present Simple, Present Progressive, Present Perfect, Past Simple, and Future in the Past, etc. But there are only 3 tenses in the Russian language: Present Past and Future. These must express all the nuances of the language in some way. Therefore, Russian verbs have aspects, verb of motion category, verb of position category, can be changed by prefixes, etc.

The best and the most effective way to learn anything that looks complicated to you in any language is to understand the differences, accept them and learn them step-by-step. After a while, you won't find them difficult at all.

The grammar rules for these verbs' category are not hard, but our task is to help you to acquire the habit of using them correctly. That is why we have created lots of activities that use these verbs in a realistic context. It will help you to see that these verbs are very logical and follow a pattern.

Russian Verbs of Motion Workbook Part 1 is the first book in this series, and presents an introduction to the verbs of motion - it covers the first seven pairs of the non-prefixed verbs of motion. The workbook has a lot of writing activities. Don't skip any of them, and you will learn to use verbs of motion properly.

You will also find full tables of verb conjugations and additional information about Russian verbs at russianstepbystep.com

Глаголы движения / Verbs of Motion

Let's go over the basics of verbs of motion: what they are, what they do, how they change, and how those changes affect their meaning.

There are fourteen pairs of verbs in Russian which are part of a special group called verbs of motion. They describe every possible method of movement: to run, to swim, to crawl, etc. They come in pairs, and each pair denotes one particular method of motion.

For example, if you walk, you should use the verb **идти**. But, if you go by vehicle on the ground (car, bike, train, metro, etc.) you cannot use this verb. You should use the verb **ехать** instead.

If you go by vehicle in the air (plane, helicopter, balloon, etc.) you should use the verb **лететь** (to fly).

If you go by vehicle on the water (ship, boat, submarine, etc.) you should use the verb **плыть** (to swim).

In order to use verbs of motion properly, you must pay attention to the direction of the movement and the repetitiveness of the action.

The verbs of motion are divided into 2 groups.

Группа 1

Однонаправленное движение в определённый момент времени. = *One-way movement at a certain time.*

⟶ Я **иду** в библиотеку. = *I am going to a library.*

Группа 2

Разнонаправленное движение или повторяющееся движение. = *Movements in different directions or repetitive movement.*

Собака бегает по парку. = *The dog is running around the park.*

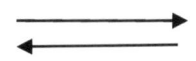

⟷ В прошлом году мы ездили в Санкт-Петербург. = *Last year we went to Saint Petersburg.*

Read carefully verbs of motion with translation.

Глаголы движения

| Группа 1

Однонаправленное движение в конкретный момент времени | Группа 2

Разнонаправленное или повторяющееся движение | Перевод |
|---|---|---|
| бежа́ть | бе́гать | to run |
| брести́ | броди́ть | to wander, to roam |
| везти́ | вози́ть | to carry by some means of transportation |
| вести́ | води́ть | to lead, to drive |
| гнать | гоня́ть | to shoo, to chase |
| е́хать | е́здить | to go by vehicle on the ground |
| идти́ | ходи́ть | to walk |
| кати́ть | ката́ть | to roll |
| лезть | ла́зить | to climb |
| лете́ть | лета́ть | to fly |
| нести́ | носи́ть | to carry by an animate object |
| плыть | пла́вать | to swim |
| ползти́ | по́лзать | to crawl |
| тащи́ть | таска́ть | to drag |

Урок 1

Идти – ходить

Let's start with the most frequently used verb of motion - the verb **идти – ходить**.

идти́ – ходи́ть = *to go by foot, to walk*

Идти

The verb идти belongs to the first group and describes one-way movement at a certain time.

Спряжение глагола «идти»

Настоящее время	Прошедшее время	Будущее время
я иду́	он шёл	я бу́ду идти́
ты идёшь	она шла	ты бу́дешь идти
он идёт	оно шло	он бу́дет идти
вы идёте	они шли	вы бу́дете идти
мы идём		мы бу́дем идти
они иду́т		

Императив

ты иди́!
вы иди́те!

Макс идёт в школу. — *Max is walking to school.* (Present)

Вчера на улице я встретил своего друга. Он шёл домой. — *Yesterday I ran into my friend on the street. He was walking home.* (Past)

Если хочешь увидеть Ольгу, то можешь это сделать завтра. Ровно в восемь часов утра она будет идти на остановку автобуса. — *If you want to meet Olga, you could do it tomorrow. At eight o'clock sharp, she'll be walking to the bus stop.* (Future)

When we use a verb of motion in the non-motion meaning, the verb does not have a pair.

There are some expressions using the verb **идти**, which you must memorize.

Запомним!

- ❖ Поезд идёт. = *The train is coming.* = *The train is passing by.*
- ❖ Время идёт. = *Time goes by.* (non-motion meaning)
- ❖ Дождь идёт. = Идёт дождь. = *It rains.* = *It is raining.* (non-motion meaning)
- ❖ Снег идёт. = *It snows.* = *It is snowing.* (non-motion meaning)
- ❖ Здесь идёт собрание/выставка. = *There is a meeting/exhibition here.* (non-motion meaning)
- ❖ В этой комнате идут экзамены. = *They are taking tests in this room.* (non-motion meaning)
- ❖ О чём идёт разговор? = О чём идёт речь? = *What are you talking about?* (non-motion meaning)

Упражнение 1

A) Various people ran into somebody when they (various people) were going to different places. Create sentences following the example. (Present)

Образец: Я /школа
Я иду в школу.

1. Алла/дискотека _____

2. Антон/бассейн _____

3. Мы/концерт рок музыки _____

4. Светлана с Олегом/театр _____

5. Вы/в гости к друзьям _____

6. Ты/домой _____

Б) Different people ran into somebody when they were going to different places. Create sentences following the example. (Past)

    Образец: Я (Макс)/школ/друг
                 Когда я шёл в школу, я встретил друга.

1. Алла/дискотека/Маша _____

2. Антон/бассейн/сосед Николай Иванович _____

3. Мы/концерт рок музыки/Ольга с Игорем _____

4. Светлана с Олегом/театр/директор _____

5. Вы/в гости к друзьям/я _____

6. Ты (Катя) /домой/подруга _____

В) Tomorrow, on their way to different places, people should remember to call their friends. Create sentences following the example. (Future)

    Образец: Я/школа, друг
                 Завтра, кода я буду идти в школу, я позвоню другу.

1. Алла/дискотека/Маша _____

2. Антон/бассейн/Николай Иванович _____

3. Мы/концерт рок музыки/Ольга _____

4. Светлана с Олегом/театр/директор _____

_____

5. Вы/в гости к друзьям/я _____

_____

6. Ты/домой/подруга _____

_____

Упражнение 2

Fill in the blanks with the correct form of the verb **идти**.

1. Я сейчас _____ в библиотеку. 2. Вчера на улице я встретил Сашу. Он _____ в бассейн. 3. Смотрите, кто это _____ по улице? 4. Мы сегодня _____ в гости. 5. Что ты делала вчера в 10 часов утра? Ровно в 10 утра я _____ в магазин. 6. Позвони мне, когда будешь _____ на обед. 7. Вчера весь день _____ снег. 8. Позавчера я встретила Олега с Наташей около нашего дома. Они _____ в оперный театр. 9. Смотрите, поезд _____. 10. Если завтра будет _____ дождь, то мы останемся дома. 11. Позавчера разговор _____ о крупной сумме денег. 12. Извините, в какой комнате _____ собрание? 13. Антон слушал очень внимательно, ведь речь _____ о нём. 14. Зимой часто _____ снег, а осенью часто _____ дождь. 15. Павел не знал о чём говорить – время _____ медленно. 16. _____ сюда, я тебе что-то покажу.

Ходить

The verb **ходить** belongs to the second group and describes multidirectional movement or repetitive movement.

Спряжение глагола «ходить»

Настоящее время	Прошедшее время	Будущее время
я хожу́	он ходи́л	я буду ходить
ты хо́дишь	она ходи́ла	ты будешь ходить
он хо́дит	оно ходи́ло	он будет ходи́ть
вы хо́дите	они ходи́ли	вы будете ходить
мы хо́дим		мы будем ходить
они хо́дят	**Императив**	они будут ходить
	ты ходи́!	
	вы ходи́те!	

Виктор ходит по комнате и думает.

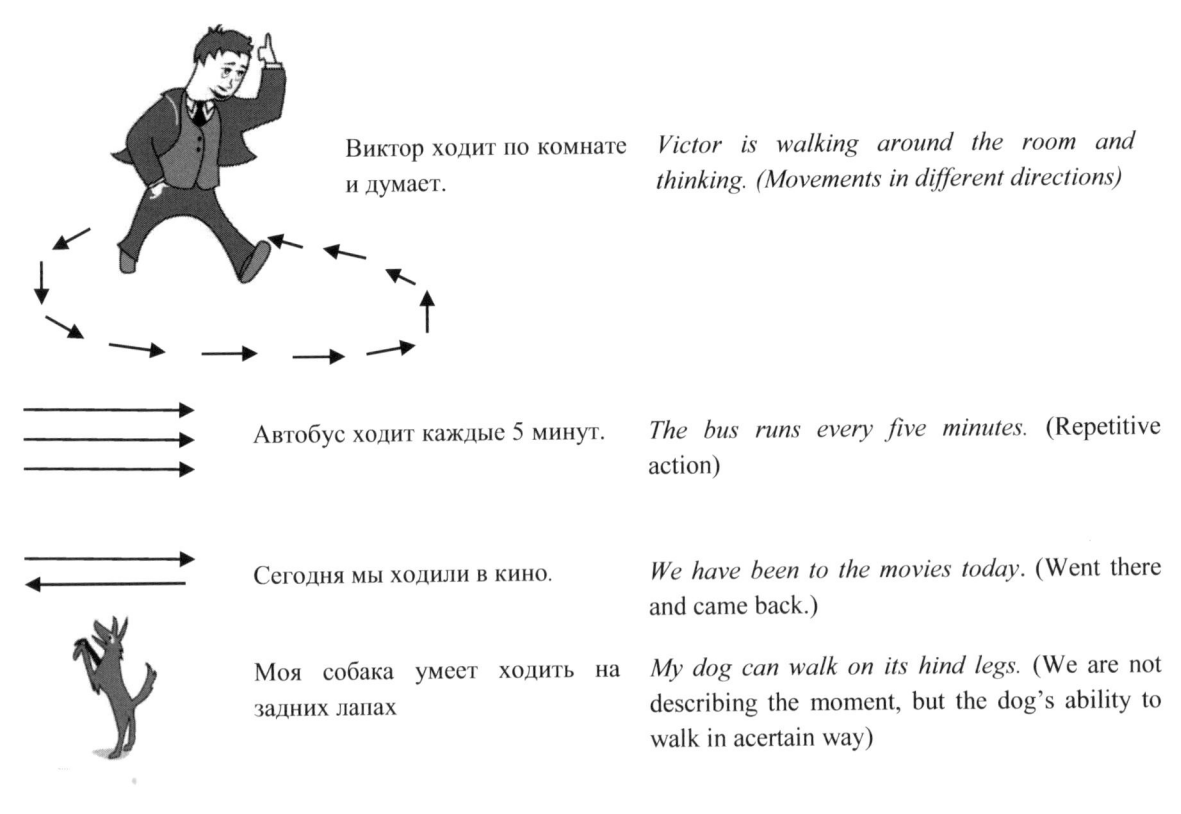

Victor is walking around the room and thinking. (Movements in different directions)

Автобус ходит каждые 5 минут.

The bus runs every five minutes. (Repetitive action)

Сегодня мы ходили в кино.

We have been to the movies today. (Went there and came back.)

Моя собака умеет ходить на задних лапах

My dog can walk on its hind legs. (We are not describing the moment, but the dog's ability to walk in a certain way)

Упражнение 3

Fill in the blanks with the correct form of the verb **ходить**.

1. Мой младший брат уже _____ . 2. Дети _____ в школу 5 раз в неделю. 3. Как часто _____ автобус номер 7? 4. Каждое воскресенье мы _____ в ресторан. 5. Марина обожает _____ по магазинам. 6. Куда вы вчера _____? 7. В прошлую субботу Виктор и Марина весь день _____ по городу. 8. Вы когда-нибудь _____ в цирк? 9. Маленький Миша не хочет _____ в детский сад. 10. По средам и пятницам мы _____ на курсы английского. 11. Летом на даче мы будем _____ на речку. 12. Поезд Москва - Санкт-Петербург _____ 3 раза в неделю.

Упражнение 4

Read the text. Explain the reason for using the particular verb of motion.

Ходить пешком полезно для здоровья

В наш век технического прогресса люди недостаточно двигаются. А ведь движение — это жизнь.

Лидия Сергеевна работает бухгалтером. Она очень много сидит и мало двигается. У неё лишний вес, и она быстро устаёт. Два месяца назад она прочитала статью в журнале. В статье речь **шла** о том, что ходьба – это самое эффективное средство для похудения и для укрепления здоровья. Лидия Сергеевна решила проверить это на себе. Теперь она **ходит** на работу пешком, ведь она живёт рядом с офисом. Каждое утро Лидия Сергеевна встаёт на 20 минут раньше и **идёт** на работу пешком. Когда она **идёт** на работу, она успевает поболтать по телефону с мамой, которая живёт на другом конце города. Вчера весь день **шёл** дождь, но Лидия Сергеевна не промокла, потому что у неё в сумочке был зонт. Завтра опять будет дождь. Осенью часто **идут** дожди. Но, если правильно одеться, то дождь не мешает. Лидия Сергеевна любит **ходить** под дождём. Когда **идёт** дождь, то воздух чистый и свежий.

Лидия Сергеевна уже похудела на пять килограмм и чувствует себя гораздо лучше, чем раньше. Сегодня утром, когда Лидия Сергеевна **шла** на работу, она встретила свою коллегу Елену Петровну. Елена Петровна тоже решила **ходить** пешком на работу по примеру Лидии Сергеевны.

Ходите пешком как можно больше! Это полезно для здоровья. К тому же это абсолютно бесплатно.

Translation of the text

Ходить пешком полезно для здоровья.	*Walking is good for your health.*
В наш век техничєского прогресса люди недостаточно двигаются.	*In this century of technical innovation, people don't move enough.*
А ведь движение - это жизнь.	*But movement is life*
Лидия Сергеевна работает бухгалтером.	*Lidiya Sergeevna works as an accountant.*
Она очень много сидит и мало двигается.	*She sits a lot and does not have an active lifestyle (moves very little).*
У неё лишний вес, и она быстро устаёт.	*She is overweight and tires easily.*
Два месяца назад она прочитала статью в журнале.	*Two months ago, she read an article in a magazine.*
В статье речь **шла** о том, что ходьба – это самое эффективное средство для похудения и для укрепления здоровья.	*The article said that walking is the most effective way to lose weight and to improve your health.*
Лидия Сергеевна решила проверить это на себе.	*Lidiya Sergeevna decided to give it a try.*

15

Теперь она **ходит** на работу пешком, ведь она живёт рядом с офисом.	*Now she walks to work, since she lives near her office.*
Каждое утро Лидия Сергеевна встаёт на 20 минут раньше и **идёт*** на работу пешком.	*Every morning Lidiya Sergeevna gets up 20 minutes earlier than she used to, and walks to work.*
	(Even though we are referring to a repetitive action, we still use the verb **идти**. Just as in English, we can use the Present Progressive tense to describe a repetitive action that happens in a short period of time.)
Когда она **идёт** на работу, она успевает поболтать по телефону с мамой, которая живёт на другом конце города.	*While walking to work, she has time to talk on the phone to her mom, who lives on the other side of the city.*
Вчера весь день **шёл** дождь, но Лидия Сергеевна не промокла, потому что у неё в сумочке был зонт.	*Yesterday it was raining all day long, but Lidiya Sergeevna did not get wet, because she had an umbrella in her purse.*
Завтра опять будет дождь.	*Tomorrow it will be raining again.*
Осенью часто **идут** дожди.	*It often rains in the fall.*
Но, если правильно одеться, то дождь не мешает.	*But, if you are dressed for the weather, the rain does not bother you.*
Лидия Сергеевна любить **ходить** под дождём.	*Lidiya Sergeevna likes to walk in the rain.*
Когда **идёт** дождь, то воздух чистый и свежий.	*The air is clean and fresh when it rains.*
Лидия Сергеевна уже похудела на пять килограмм и чувствует себя гораздо лучше.	*Lidiya Sergeevna has already lost five kilograms, and feels much better.*
Сегодня утром, когда Лидия Сергеевна **шла** на работу, она встретила свою коллегу Елену Петровну.	*This morning, when Lidiya Sergeevna was walking to work, she met her colleague, Elena Petrovna.*
Елена Петровна тоже решила **ходить** пешком на работу по примеру Лидии Сергеевны.	*Elena Petrovna has also decided to walk to work, following Lidiya Sergeevna's example.*
Ходите пешком как можно больше!	*Walk as much as you can!*
Это полезно для здоровья.	*It is good for your health.*
К тому же это абсолютно бесплатно.	*Moreover, it is absolutely free.*

Упражнение 5

Fill in the blanks with the correct form of the verb **идти/ходить**.

1. Дима, куда ты идёшь? Я _____ в фитнес клуб. Я _____ в фитнес клуб три раза в неделю. 2. Смотри, Нина с Мариной _____ школу. Они всегда вместе _____ в школу. 3. В эту субботу мы _____ в гости к бабушке. Обычно мы по субботам к ней _____ в гости. 4. Раньше мы _____ обедать в кафе, но сегодня мы _____ обедать в ресторан. 5. Я всегда _____ на работу пешком. Когда я _____ на работу, то обычно звоню маме. 6. Вчера Аня не _____ на работу, потому что вчера была суббота. По субботам Аня не _____ на работу. 7. Смотрите, вон наш автобус _____. Он _____ каждые 10 минут. 8. Мы уже решили, куда мы будем _____, когда будем жить в Москве. 9. Я вчера видела Игоря. Он _____ по улице и разговаривал по телефону.

Упражнение 6

Translate the following sentences into Russian, using the correct form of the verbs **ходить** and **идти**.

1. It often snows in the winter. _____

2. I go to the swimming pool twice a week. _____

3. Look (informal), the train is coming. _____

4. Yesterday on my way home, I met my friend. _____

5. My wife and I went to a French restaurant on Saturday. _____

6. The day before yesterday, I (a woman) saw Anna. She was walking down the street and talking on the phone. _____

7. On Sunday, it rained all day long. _____

8. My poodle can walk on its hind legs. _____
   _____

9. What are you talking about? (What is the conversation about?) _____
   _____

10. The conversation is about you (informal). _____

11. Marina adores shopping. _____
    _____

12. Call (informal) me when you go for lunch. _____
    _____

13. Time flies. _____

14. Pavel did not know what to say. The time was going slowly. _____
    _____

15. Come (informal) here, I will show you something. _____
    _____

Урок 2

Ехать – ездить

The next most frequently used verb of motion is the verb **ехать - ездить**.

е́хать - е́здить = *to go by vehicle on the ground*

Ехать

Спряжение глагола «ехать»

Настоящее время	Прошедшее время	Будущее время
я е́ду	он е́хал	я буду е́хать
ты е́дешь	она е́хала	ты будешь ехать
он е́дет	оно е́хало	он будет ехать
вы е́дете	они е́хали	вы будете ехать
мы е́дем		мы будем ехать
они е́дут		они будут ехать

Императив

ты езжа́й[1]!
вы езжа́йте!

Такси едет по дороге. — *The taxi is driving on the road.* (Present)

Когда мы ехали домой, мы видели аварию. — *When we were driving home, we saw an accident.* (Past)

Завтра в это время мы уже будем ехать в поезде в Санкт-Петербург. — *Tomorrow at this time, we will be on a train, going to Saint Petersburg.* (Future)

Sometimes we do not specify the method of movement. In that case, which verb should we use? In English, we can use the Present Progressive tense to describe a future action.

---

[1] You can also use another imperative form for the verb ехать: **поезжа́й** (Informal) and **поезжа́йте**! They are equal.

The same thing happens in Russian: we are using the verb from the first group идти or ехать to describe the future action, if it's planned or arranged.

Запомним!

❖ If we talk about a certain future, we use the verb **идти** when we **don't mention a means of transportation**.

❖ If we talk about certain future, we use the verb **ехать** when we **do mention a means of transportation**.

В субботу мы идём в ресторан.	*We are going to a restaurant this Saturday.* (Even though the restaurant is far away from our house, and we will go there by some form of transportation)
Сегодня вечером я иду в гости к дяде Серёже.	*I am going to my uncle Sergey's house for dinner tonight.* (My uncle lives in the same city)
На следующей неделе я еду в гости к дяде Серёже.	*I am going to visit my uncle Sergey next week.* (My uncle lives in another city)
Папа завтра едет на работу на метро.	*Dad is going to work on the subway tomorrow.* (We cannot **идти** by transportation. By transportation we can only **ехать**)

Упражнение 7

A) Different people are going to different places **right now**. Create sentences following the example. Use the correct form of the verbs **ехать** or **идти**. (Present)

Образец: Я, велосипед /парк
Я еду на велосипеде в парк.

1. Михаил Иванович/ машина/дача _____

2. Владимир с Борисом/ троллейбус/футбольный матч _____

3. Мы/ в гости к бабушке _____

4. Куда ты …? _____

5. Вы/в гости к друзьям _____

6. Оксана /домой _____

7. Дима/ мотоцикл, друг _____

Б) Yesterday, different people on their way to different places all saw a rainbow. Create sentences following the example. Use the correct form of the verbs **ехать** or **идти**. (Past)

Образец: Я/в гости, друзья
Вчера, когда я шёл в гости к друзьям, я видел радугу.

1. Михаил Иванович/машина/дача _____

2. Владимир с Борисом/троллейбус/ футбольный матч _____

3. Мы/ кафе _____

4. Ты / магазин? _____

5. Вы/в гости/друзья _____

6. Дети /школа _____

7. Я/ мотоцикл/друг _____

В) Tomorrow, on their way to different places, people should remember to call me. Create sentences following the example. (Future)

Образец: Ты/в гости/друзья
Завтра, когда ты будешь идти в гости к друзьям, ты позвонишь мне.

1. Михаил Иванович/дача _____

2. Владимир с Борисом/ футбольный матч _____

3. Вы/ бабушка/ Москва _____

4. Ты/ день рождения _____

5. Вы/в гости/ друзья _____

6. Оксана /дискотека _____

7. Лена/ университет _____

Упражнение 8

Fill in the blanks with the correct form of the verb **ехать** or **идти**.

1. Я сейчас _____ по тротуару, а мой маленький брат _____ рядом со мной на велосипеде. 2. Папа завтра _____ на работу на автобусе, потому что его машина в ремонте. 3. Я забыл, мы завтра _____ в гости к Ивановым или к Сидоровым? 4. Вчера, когда я (девушка) _____ в тренажёрный зал на машине, я видела оленя на дороге. 5. Что ты делал в субботу в 9 часов вечера? В 9 вечера я _____ на автобусе домой. 6. Опять пробка? Куда все люди _____? 7. Иногда поздней осенью _____ снег. 8. Позавчера в троллейбусе Аня встретила свою одноклассницу, Нину. Нина _____ в театр. 9. Ты видишь мужчину, который _____ на лошади? 10. О чём _____ разговор? Разговор _____ о том, что мы завтра не _____ на день рождения к Лене, потому что она заболела. 10. Вы _____ летом на море? Да, конечно, _____. 11. Смотрите, кто это _____ на чёрном Мерседесе?

Ездить

The verb **ездить** belongs to the second group and describes multidirectional movement or repetitive movement.

Спряжение глагола «ездить»

Настоящее время	Прошедшее время	Будущее время
я е́зжу	он е́здил	я бу́ду е́здить
ты е́здишь	она е́здила	ты будешь ездить
он е́здит	оно е́здило	он будет ездить
вы е́здите	они е́здили	вы будете ездить
мы е́здим		мы будем ездить
они е́здят		они будут ездить

Императив

ты е́зди!
вы е́здите!

Каждый год летом Степан ездит отдыхать на море.

Every year Stepan goes on vacation to the seashore. (It's far away)

В субботу мы ездили на дачу.

We went to the country house on Saturday. (Went there and came back.)

Андрюша любит ездить на велосипеде.

Andryusha likes to ride a bicycle. (General likes or dislikes)

Упражнение 9

Fill in the blanks with the correct form of the verb **ездить**.

1. Как вы _____ на работу: на машине или на общественном транспорте? 2. Моя машина сломалась. Она не _____ . 3. Наши дети _____ в школу на автобусе. 4. Вчера мы _____ в гости к друзьям. 5. Если вы будете у нас работать, то вам придётся _____ командировки каждый месяц. 6. Мои соседи уже вернулись. Они _____ в Москву на неделю. 7. В прошлую субботу Виктор и Марина весь день _____ по городу. 8. Я уже _____ 20 минут по этому району и не могу найти ваш дом. 9. Если ты будешь _____ на автобусе, то купи проездной билет – это дешевле. 10. В прошлом году мы не _____ отдыхать на море.

Упражнение 10

Read the text. Explain the reason for using the particular verb of motion.

Менеджер по продажам

Игорь – менеджер по продажам. Он очень много **ездит**. Иногда он **ездит** на общественном транспорте, а иногда на машине. Сейчас он **едет** на выставку, где рассчитывает найти новых клиентов. Игорь **едет** на автобусе, потому что выставка находится в центре, и там нелегко найти парковку. По своему опыту он знает, что найти клиентов на выставке легче, чем через рассылку коммерческих предложений. Каждый раз, когда Игорь **идёт** на выставку, у него поднимается настроение. Ведь любая выставка - это встречи, доброжелательные улыбки, девушки-модели и музыка. В такой обстановке легко знакомиться.

Очень важно найти правильную выставку. В прошлый раз, когда Игорь продавал торговое оборудование для полиграфии, он нашёл на выставке очень крупного клиента. Выставка называлась «Современная полиграфия», и она **шла** неделю. Игорь **ездил** на эту выставку каждый день. На этой выставке девушки **ходили** по залу и раздавали рекламные буклеты. Игорь взял у них буклет. Когда он **ехал** обратно в офис, то он думал, что теперь будет **ходить** на выставки чаще.

Translation of the text

Игорь – менеджер по продажам	*Igor is a sales manager.*
Он очень много **ездит**.	*He travels a lot.*
Иногда он **ездит** на общественном транспорте, а иногда на машине.	*Sometimes he goes by public transportation, and sometimes by car.*
Сейчас он **едет** на выставку, где рассчитывает найти новых клиентов	*Right now he is on his way to a convention, where hopes to find new clients. (Here we should use the verb ехать, because we are describing a particular moment, and we know that Igor is going in a vehicle)*
Игорь **едет** на автобусе, потому что выставка находится в центре, и там нелегко найти парковку.	*Igor is going by bus, because the convention is downtown, and it's not easy to find parking there.*
По своему опыту он знает, что найти клиентов на выставке легче, чем через рассылку коммерческих предложений.	*From his experience, he knows that it's easier to find clients at the convention than through the distribution of promotional packages.*
Каждый раз, когда Игорь идёт на выставку, у	*Going to a convention lifts Igor's spirits every time.*

него поднимается настроение	(Even though the action is repetitive, we use the verb **идти** here, because it's more about a particular one-way movement.)
Ведь любая выставка — это встречи, доброжелательные улыбки, девушки-модели и музыка.	*Because any convention means meetings, friendly smiles, pretty girls (models) and music.*
В такой обстановке легко знакомиться.	*It's easy to meet people in such an environment.*
Очень важно найти правильную выставку.	*It is very important to find the right convention.*
В прошлый раз, когда Игорь продавал торговое оборудование для полиграфии, он нашёл на выставке очень крупного клиента	*Last time, when Igor was selling printing equipment, he found a high-profile customer at the convention.*
Выставка называлась «Современная полиграфия», и она **шла** неделю.	*The convention was called "Modern Printing" and it was held for a week.* (Here we use the verb **идти**, because it is a figure of speech)
Игорь **ездил** на эту выставку каждый день.	*Igor went to the convention every day.*
На этой выставке девушки **ходили** по залу и раздавали рекламные буклеты.	*At the convention, girls were walking around the hall giving out leaflets.*
Игорь взял у них буклет.	*One of them gave Igor a leaflet. (Igor took a leaflet from them.)*
Когда он **ехал** обратно в офис, то он думал, что теперь будет **ходить** на выставки чаще	*On his way to the office, he was thinking that from now on, he will be going to conventions more often.*

Упражнение 11

Fill in the blanks with the correct form of the verbs **идти/ходить, ехать/ездить**.

1. Филипп не любит _____ на общественном транспорте. Он везде _____ на машине. 2. Туристы устали. Они _____ по горам целый день. 3. Ирочка, вы _____ с нами на обед? 4. Каждое утро в 8 часов Иван Иванович _____ на остановку автобуса. 5. Вы когда-нибудь _____ на Гавайи? 6. Обычно мы _____ в библиотеку на метро, но вчера мы _____ на такси. 7. Когда я буду жить в Париже, то я буду _____ по музеям. 8. Папа купил Саше двухколёсный велосипед, и он уже умеет _____ на нём. 9. Наши соседи завтра _____ на дачу на электричке. 10. Мне Таня сказала, что ты уже купил билеты и завтра _____ в Санкт-Петербург.

Упражнение 12

Translate into Russian.

1. Right now, I am walking along the sidewalk, and my little brother is riding his bike next to me.

2. Another traffic jam! Where are all those people going?

3. We are going to visit our grandma in Moscow.

4. Do you see a man riding a horse?

5. Look! Who is driving that black Mercedes?

6. Victor goes everywhere by car.

7. How often does the Moscow to Saint Petersburg train run?

8. When I live in Paris, I will be going to the museums.

9. Have you ever been to Hawaii?

10. The tourists got tired. They hiked all day long in the mountains.

11. Every day at 7:30 AM, Oleg is on his way to the bus stop.

12. It snowed in the morning.

Урок 3

Лете́ть – лета́ть

лете́ть - лета́ть = *to fly*

Лете́ть

Спряжение глагола «лететь»

Настоящее время	Прошедшее время	Будущее время
я лечу́	он лете́л	я бу́ду лете́ть
ты лети́шь	она́ лете́ла	ты будешь лететь
он лети́т	оно́ лете́ло	он будет лететь
вы лети́те	они́ лете́ли	вы будете лететь
мы лети́м		мы будем лететь
они́ летя́т		они будут лететь

Императив

ты лети́!
вы лети́те!

Самолёт летит в Москву.	*The plane is flying to Moscow.* (Present)
Когда мы летели на воздушном шаре, то внизу мы видели горы.	*When we were flying in a hot air balloon, we saw mountains below us.* (Past)
Завтра я в первый раз буду лететь на самолёте.	*Tomorrow I will be travelling by plane for the first time.* (Future)

In the previous lesson, we learned the first part of the rule: we use the verb **идти**, when we don't mention a specific means of transportation and the verb **ехать** when we mention ground transportation. We apply this rule to describe movements near us.

The second part of the rule is: when we talk about going far away (to another city or another country), we should use the verb **ехать**.

Запомним!

❖ When we talk about going far away and we don't specify the method of movement, we should use the verb **ехать**.

❖ When we talk about moving in the air, we should use the verb **лететь**.

-	- Tanya told me that you are going on a business trip to Novosibirsk.
- Да, я еду во вторник.	- Yes, I am going on Tuesday.
- А как ты едешь: на поезде или летишь на самолёте?	- How are you getting there: by train or by plane?
- На поезде долго. Я лечу на самолёте. Я уже купил билет.	- It takes a long time to get there by train. I am flying there. I have already bought a ticket.

Упражнение 13

A) Create sentences following the example. Use the correct form of the verb **лететь** to describe movement in the air. (Present)

Образец: Я/самолёт /Сан Франциско

Я лечу на самолёте в Сан Франциско.

1. Мы/ воздушный шар _____

2. Врач/вертолёт/ госпиталь _____

3. Баба-Яга/метла/ в лес _____

4. Ты/командировка? _____

5. Вы/в гости к друзьям _____

6. Журавли /юг _____

7. Дима/ дельтаплан/ вниз _____

Б) Different people were going on business trip to Moscow by different means of transportation. On the way there, they met John. Create sentences following the example. Use the correct form of the verbs **лететь** or **ехать**. (Past)

    Образец: Я/самолёт

        Я познакомился с Джоном в самолёте, когда летел в командировку в Москву.

1. Мы /поезд _____

2. Борис/самолёт _____

3. Николай и Ирина/ автобус _____

4. Ты / самолёт? _____

5. Вы/самолёт _____

6. Ольга /поезд _____

В) Tomorrow different people are flying somewhere. They will be reading this book while they are on the plane. Create sentences following the example. (Future)

    Образец: Ты

        Завтра, когда ты будешь лететь в самолёте, ты будешь читать эту книгу.

1. Джессика _____

2. Мы с Тэдом _____

3. Я _____

4. Вы с папой _____

5. Наши друзья _____

Упражнение 14

Fill in the blanks with the correct form of the verbs **идти**, **ехать** or **лететь**.

1. Сейчас мы с папой _____ в музей на машине. 2. Завтра мой старший брат _____ на самолёте в командировку. 3. Послезавтра Ирина с Николаем _____ в театр на балет. 4. Мне Леночка сказала, что вчера, когда она _____ на воздушном шаре, ей было немножко страшно. 5. Вы видели пожар, когда _____ на вертолёте над тайгой? 6. Мы _____ в машине и слушали музыку. 7. Смотри, за окном _____ дождь. 8. Алло, мама, мы уже _____ в поезде. 9. Куда _____ этот дракон? 10. Любимая, я _____ к тебе на крыльях любви! 11. Саша, мы _____ в Санкт-Петербург на самолёте или _____ на поезде? 12. Тихо, не шумите, в этой комнате _____ собрание.

Летать

Спряжение глагола «летать»

Настоящее время	Прошедшее время	Будущее время
я лета́ю	он лета́л	я бу́ду лета́ть
ты лета́ешь	она лета́ла	ты будешь летать
он лета́ет	оно лета́ло	он будет летать
вы лета́ете	они лета́ли	вы будете летать
мы лета́ем		мы будем летать
они лета́ют		они будут летать

Императив
ты лета́й!
вы лета́йте!

Пчела летает около цветка.   *The bee is flying near the flower.* (Random movements)

Они летали в Париж.   *They have been to Paris.* (Went there and came back.)

Я хотел бы летать как Аватар.   *I would like to be able to fly like Avatar.*

Упражнение 15

Fill in the blanks with the correct form of the verb **летать**.

1. Как часто вы _____ на самолёте? 2. Его брат пилот. Он _____ на пассажирских самолётах. 3. Николай учится _____ на дельтаплане. 4. Мы никогда раньше не _____ на вертолёте. 5. Бабушка сказала, что будет дождь, потому что ласточки _____ низко над землёй. 6. Смотри, муха _____ над вареньем. 7. Когда я был маленький, я во сне _____ . 8. Ты каждый год _____ в Италию? 9. Вчера мы гуляли по берегу моря и видели, как чайки _____ над водой.

Упражнение 16

Read the text. Explain the reason for using the particular verb of motion.

Странный пляж

На Карибах, на острове Святого Мартина, есть странный пляж. Вы спросите: «Почему же он странный?» А странный он потому, что на этом пляже прямо над головой **летают** самолёты. Да, да, вы лежите на пляже, спокойно загораете, и вдруг прямо над вами **летит** огромный лайнер. Расстояние между вами и самолётом всего 10 – 20 метров! Сильная струя воздуха **летит** на вас, песок и вода поднимаются в воздух, но зато вы можете увидеть все детали самолёта. Дело в том, что этот пляж находится рядом с международным аэропортом принцессы Юлианы.

Самое удивительное, что этот пляж очень популярный. Сюда приходят любители экстрима. Я тоже решил посмотреть на это зрелище. Я взял с собой фотоаппарат, чтобы сделать пару снимков. Ждать пришлось недолго. Я только сел на песок, вынул фотоаппарат, и вдруг я увидел огромный самолёт, который быстро **летел** прямо на меня. Я думал, что, когда самолёт **будет лететь** надо мной, я успею сделать свои снимки. Но неожиданно в воздух поднялась куча песка, и сильная струя воздуха сбила меня с ног. Мой фотоаппарат! Я купил его всего неделю назад! Я с ужасом посмотрел на него. Мой прекрасный Кэнон лежал весь в песке. В воздухе **летало** чьё-то полотенце.

Я понял, что я даже не успел рассмотреть сам самолёт, когда он **летел** надо мной.

31

Моя вторая мысль была: «Как жаль, что я недостаточно подготовился для такого случая!» А потом я подумал, что я лучше буду фотографировать спокойное море и пальмы.

Translation of the text

странный пляж	strange beach
На Карибах, на острове Святого Мартина, есть странный пляж.	In the Caribbean (islands), there is a strange beach located on the island of St. Maarten.
Вы спросите: «Почему же он странный?»	You would ask: "Why is it strange?"
А странный он потому, что на этом пляже прямо над головой **летают** самолёты.	It is strange, because on this beach the planes are flying right above your head.
Да, да, вы лежите на пляже, спокойно загораете, и вдруг прямо на вас **летит** огромный лайнер	Yes, yes, you are lying on the beach, sunbathing quietly and suddenly you see a huge airliner, flying right towards you.
Расстояние между вами и самолётом всего 10 – 20 метров!	The distance between you and the plane is only 10 – 20 meters!
Сильная струя воздуха **летит** на вас, песок и вода поднимаются в воздух, но зато вы можете увидеть все детали самолёта.	A strong current of the air is gushing at you, the sand and the water are rising in the air, but you can see every detail of the aircraft.
Дело в том, что этот пляж находится рядом с международным аэропортом принцессы Юлианы.	The thing is that the beach is situated next to the Princess Juliana International Airport.
Самое удивительное, что этот пляж очень популярный.	The most amazing thing is that this beach is very popular.
Сюда приходят любители экстрима.	Extreme sports lovers come here.
Я тоже решил посмотреть на это зрелище.	I also decided to look at the spectacular event.
Я взял с собой фотоаппарат, чтобы сделать пару снимков.	I took a camera with me to take a couple of shots.
Ждать пришлось недолго.	I did not have to wait long.
Я только сел на песок, вынул фотоаппарат, и вдруг я увидел огромный самолёт, который быстро **летел** прямо на меня.	I just sat down on the sand, took out my camera, and suddenly I saw a huge plane heading directly at me.
Я думал, что, когда самолёт будет **лететь** надо мной, я успею сделать свои снимки.	I thought that I would have time to take the photos while the plane was flying above me.
Но неожиданно в воздух поднялась куча песка, и сильная струя воздуха сбила меня с ног.	But suddenly a pile of sand rose in the air, and strong gust of air knocked me down.

Мой фотоаппарат!	*My camera!*
Я купил его всего неделю назад!	*I bought it only a week ago!*
Я с ужасом посмотрел на него.	*I looked at it in horror.*
Мой прекрасный Кэнон лежал весь в песке.	*My beautiful Cannon was lying all covered with sand.*
В воздухе **летало** чьё-то полотенце.	*Somebody's towel was flying through the air.*
Я понял, что я даже не успел рассмотреть сам самолёт, когда он **летел** надо мной.	*I realized that I was not even able to look carefully at the plane as it was flying above me.*
Моя вторая мысль была: «Как жаль, что я недостаточно подготовился для такого случая!»	*My second thought was: "It's a pity that I was not prepared enough for such an event."*
А потом я подумал, что я лучше буду фотографировать спокойное море и пальмы.	*And then I thought that I would rather take photos of the calm sea and the palm trees.*

Упражнение 17

Fill in the blanks with the correct forms of the verbs **лететь/летать, идти/ходить, ехать/ездить**.

1. Моя мама не любит _____ на самолёте, она больше любит _____ на поезде. 2. Я вижу, как высоко в небе _____ реактивный самолёт. 3. В субботу я (девочка) _____ на день рождения к подруге. 4. Марина Владимировна, как вы _____ в Мадрид: на поезде или _____ на самолёте? 5. Саша, ты завтра на дачу _____ на машине или на электричке? 6. Когда я _____ в Турцию, в самолёте я встретила свою одноклассницу. 7. По субботам мы обычно _____ в парк. 8. Смотри какая красивая бабочка _____ над тобой. 9. Сколько раз в неделю _____ поезд Москва - Санкт-Петербург? 10. Ура! Через 15 минут мы будем _____ на воздушном шаре!

Упражнение 18

Translate into Russian.

1. My mom does not like flying - she prefers going by train. _____

2. When I was a little boy, I was flying in my dreams. _____

3. I like it when it snows. _____

4. The cranes are flying South. _____

5. Where are you (informal) going? I am going for lunch. _____
   _____

6. Yesterday we were walking along the beach and saw seagulls flying above the water.
   _____
   _____

7. The tram runs according to schedule. _____ _____

8. Yeh! We will be flying on the hot air balloon in fifteen minutes. _____
   _____

9. Somebody's towel was flying in the air._____

10. Tanya told me that you are going on business trip to Kursk. Are you going by train or by plane?
    _____
    _____

11. Yesterday we spent four hours shopping. _____
    _____

12. Did you (plural) see the fire when you were flying in a helicopter over the taiga? _____
    _____

13. My dear, I am flying to you on the wings of love! _____
    _____

14. Look, a beautiful butterfly is flying above your head. _____
    _____

15. We are going to the theatre on Sunday. _____
    _____

Урок 4

Бежать – бегать

бежа́ть – бе́гать = *to run*

Бежать

Спряжение глагола «бежать»

Настоящее время	Прошедшее время	Будущее время
я бегу́	он бежа́л	я бу́ду бежа́ть
ты бежи́шь	она бежа́ла	ты будешь бежать
он бежи́т	оно бежа́ло	он будет бежать
вы бежи́те	они бежа́ли	вы будете бежать
мы бежи́м		мы будем бежать
они бегу́т		они будут бежать

Императив

ты беги́!
вы беги́те!

Маленький мальчик бежит домой. — *The little boy is running home.* (Present)

Лошадь бежала рысью. — *The horse was trotting.* (Past)

Завтра сотрудники нашего отдела будут бежать марафон. — *Tomorrow our employees will be running a marathon.* (Future)

Упражнение 19

A) Somebody is running. Create sentences following the example. Use the correct form of the verb **бежать**. (Present)

Образец: Михаил/Иван
Михаил бежит за Иваном.

1. Мы/автобус _____
2. Вы/Оксана _____
3. Дети /мячик _____
4. Ты/я _____
5. Вы/гости _____
6. Тигр/кабан _____
7. Я/ты _____

Б) Different people lost their keys, while they were running to different places. Create sentences following the example. Use the correct form of the verbs **бежать**. (Past)

Образец: Я/автобусная остановка
Я потерял ключи, когда бежал на автобусную остановку.

1. Мы/парк _____
2. Борис Сергеевич/офис _____
   _____
3. Николай и Ирина/троллейбусная остановка _____
   _____
4. Ты (молодой человек) /свидание _____
   _____
5. Вы/аудиторию _____
   _____
6. Ольга /собрание _____
   _____

В) Tomorrow, different people are running a marathon. They should be sure to stop at the finish line. Create sentences following the example. Use the correct form of the verb **бежать** (Future)

Образец: Ты
Завтра, когда ты будешь бежать марафон, ты должен не забыть остановиться после финиша.

1. Джессика _____

2. Мы с Тэдом _____

3. Я (девушка) _____

4. Вы с братом _____

5. Ваши сотрудники _____

Упражнение 20

You ask somebody to move faster. Create sentences, using the appropriate verb of motion from lessons 1–4, following the example.

Образец: Семён Семёнович бежит в офис.
Семён Семёнович, бегите быстрее!

1. Маленький Саша едет на велосипеде. _____

2. Коля с Павликом идут на автобусную остановку. _____

3. Шарик летит в небо. _____

4. Дети бегут кросс. _____

5. Борис Иванович едет на машине. _____

6. Лошадь бежит рысью. _____

When we talk about time, we can use different verbs of motion.

Запомним!

- Время идёт. = *Time is going by.*
- Время бежит. = *Time is running out.*
- Время летит. = *Time is flying.*

Бегать

Спряжение глагола «бегать»

Настоящее время	Прошедшее время	Будущее время
я бе́гаю	он бе́гал	я бу́ду бе́гать
ты бе́гаешь	она бе́гала	ты будешь бегать
он бе́гает	оно бе́гало	он будет бегать
вы бе́гаете	они бе́гали	вы будете бегать
мы бе́гаем		мы будем бегать
они бе́гают		они будут бегать

Императив
ты бе́гай!
вы бе́гайте!

Гуси бегали по двору — *Geese were running around the yard. (Random movement)*

-Таня, где ты была?
- Я бегала на почту – отправляла посылку.
Tanya, were have you been? I've been to the post office. I sent a parcel.

Я бегаю каждое утро. — *I run every morning.*

Упражнение 21

Fill in the gaps with the correct forms of the verb **бегать**.

1. Тебе нравится _____ на берегу океана? 2. Я решила похудеть. Теперь я _____ каждое утро в парке. 3. Раньше, когда наш пудель был маленький, он всё время _____ по комнате. 4. Петя,

где ты был? Я _____ домой. 4. Таня вчера целый день _____ по магазинам. 5. Смотрите, солнечные зайчики _____ по стене. 6. Если вы будете _____ по утрам, то вы будете в хорошей форме. 7. Что ты _____ туда-сюда? Успокойся, пожалуйста.

Упражнение 22

Read the text. Explain the reason for using the particular verb of motion.

Утро журналиста

Меня зовут Игорь Соколов, и я работаю журналистом в редакции газеты «Курская правда». Сегодня я встал в 6 часов, быстро оделся и позавтракал. Пора **бегать**. Каждое утро я **бегаю** в парке. Я очень люблю время, когда я **бегаю** в парке. Когда я **бегу**, то я не думаю о работе, а просто наслаждаюсь природой и свежим воздухом.

Сейчас 7:30, и я **бегу** на остановку автобуса. А вот и мой автобус **идёт**. Я сел в автобус и **еду** в редакцию. По автобусу **ходит** кондуктор и продаёт билеты. Но мне не нужен билет, потому что у меня проездной. Ровно в 8 часов я должен быть в редакции - мой начальник запланировал собрание. До редакции **ехать** 10 минут, но на дороге пробка, и мы **едем** со скоростью три километра в час. Вчера я **шёл** в редакцию пешком, и это было быстрее.

Ну вот наконец моя остановка. Уже 8 часов. Я **бегу** в редакцию. Я вижу свою коллегу, которая **идёт** по коридору. Я её спрашиваю: «Собрание уже **идёт**?» Она улыбается и отвечает: «Нет, ещё не **идёт**. Шеф тоже задерживается. Так что можешь не **бежать**.»

Я спасён! У меня хорошее настроение.

Translation of the text

утро журналиста	*A morning from a life of a journalist. (a journalist's morning)*
Меня зовут Игорь Соколов, и я работаю журналистом в редакции газеты «Курская правда».	*My name is Igor Sokolov, and I am a journalist at the 'Kurskaya Pravda'.*
Сегодня я встал в шесть часов, быстро оделся и позавтракал.	*Today I got up at six, got dressed quickly and ate my breakfast.*
Пора **бегать**	*It's time to go jogging.*
Каждое утро я **бегаю** в парке.	*I jog in the park every morning.*
Я очень люблю время, когда я **бегаю** в парке.	*I love the time when I jog in the park.*
Когда я **бегу**, то я не думаю о работе, а просто	*When I am jogging, I don't think about work, I just*

наслаждаюсь природой и свежим воздухом	simply enjoy nature and fresh air.
Сейчас 7:30, и я **бегу** на остановку автобуса.	It's 7:30 A.M. right now, and I am running to the bus stop.
А вот и мой автобус **идёт**	And here comes my bus.
Я сел в автобус и **еду** в редакцию.	I got on the bus, and now I am going the (editorial) office.
По автобусу **ходит** кондуктор и продаёт билеты.	The conductor goes around the bus and sells tickets.
Но мне не нужен билет, потому что у меня проездной.	But I don't need a ticket, because I have a bus pass.
Ровно в 8 часов я должен быть в редакции - мой начальник запланировал собрание	I have to be at the office at 8:00 sharp, because my boss has planned a meeting.
До редакции **ехать** 10 минут, но на дороге пробка, и мы **едем** со скоростью три километра в час.	It takes 10 minutes to get to the office by bus, but there is a traffic jam, and we are moving at the speed of three kilometers per hour.
Вчера я **шёл** в редакцию пешком, и это было быстрее.	Yesterday I walked to the office, and it was faster. (One-way movement)
Ну вот наконец моя остановка.	Here is my stop at last!
Уже 8 часов.	It's already 8 o'clock.
Я бегу в редакцию.	I am running to the office.
Я вижу свою коллегу, которая идёт по коридору.	I see my colleague who is walking along the hallway.
Я её спрашиваю: «Собрание уже **идёт**?»	I ask her: "Has the meeting started already?"
Она улыбается и отвечает: «Нет, ещё не **идёт**. Шеф тоже задерживается. Так что можешь не **бежать**».	She smiles and says: "No, not yet. Our boss is also running late. So you don't have to run."
Я спасён!	I am saved!
У меня хорошее настроение.	I am in a good mood.

Упражнение 23

Fill in the blanks with the correct form of the verbs **бежать/бегать, лететь/летать, идти/ходить, ехать/ездить.**

1. Спортсмены _____ к финишу.   2. Смотрите, как вертолёт низко _____ над тайгой.
3. Вчера мои родители _____ в гости к друзьям.   4. Я люблю сидеть дома, когда за окном

_____ дождь. 5. Обычно на работу Сергей _____ полчаса на машине. 6. Тротуар мокрый, потому что утром _____ дождь. 7. Нина, это ваша собака _____ по двору? 8. Самолёт _____ со скоростью девятьсот километров в час. 9. Поезд _____ со скоростью семьдесят километров в час. 10. Футболист _____ со скоростью семь километров в час. 11. Человек _____ со скоростью четыре километра в час.

Упражнение 24

Translate into Russian.

1. Pavel is running to the gym. _____

2. Run, Forest, run! _____

3. The soccer player is running at a speed of seven kilometers per hour. _____

4. Oh, here comes my bus! _____

5. Time was flying quickly. _____

6. Calm down! Why are you running back and forth? _____

7. Look, sunbeams are reflecting (running) around the room. _____

8. Go (polite) faster, please! (by car) _____

9. Sasha (informal), go faster, please! (by foot) _____

10. It's time to jog! _____

11. The horse was trotting. _____

12. It takes ten minutes to get to the office by bus. _____

13. The tiger is chasing the pig. _____

Урок 5

Плыть – плавать

плыть - пла́вать = *to swim*

Плыть

Спряжение глагола «плыть»

Настоящее время	Прошедшее время	Будущее время
я плыву́	он плыл	я буду плыть
ты плывёшь	она плыла́	ты будешь плыть
он плывёт	оно плыло́	он будет плыть
вы плывёте	они плы́ли	вы будете плыть
мы плывём		мы будем плыть
они плыву́т		они будут плыть

Императив
ты плыви́!
вы плыви́те!

Рыбка плывёт в воде.

The fish is swimming in the water. (Present)

Когда мы плыли на лодке вдоль берега, то видели маленьких рыбок в воде.

When we were in a boat on the river, we saw small fish in the water near the bank. (Past)

Когда будешь плыть, следи за дыханием.

When you are swimming, watch your breathing. (Future)

Упражнение 25

A) Somebody is moving in the water towards somebody or towards some object. Create sentences following the example. Use the correct form of the verb **плыть**. (Present)

Образец: Моя сеста/я
Моя сестра плывёт ко мне.

1. Мой брат / ты _____

2. вы / они _____

3. они / мы _____

4. Ты /она _____

5. Я / ты _____

6. Вы /я _____

7. Она/ он _____

Б) Different people got tired and cold, when they were swimming along the shore. Create sentences following the example. Use the correct form of the verbs **плыть**. (Past)

Образец: Я

Я устал и замёрз, когда я плыл вдоль берега.

1. Мы _____

2. Вы _____

3. Друзья _____

4. Ты (мужчина) _____

5. Я (девочка) _____

6. Девушка _____

В) In five minutes different people will participate in a swimming marathon. They will be swimming one after another. Create sentences following the example. (Future)

Образец: Ты/я

Ты будешь плыть за мной.

1. Я/вы _____

2. Вы/она _____

3. Она/он _____

4. Он/мы _____

5. Мы/они _____

6. Они/ты _____

7. Ты / Елена _____

Запомним!

- ❖ Облака плывут по небу. = *The clouds are floating in the sky.*
- ❖ Пациент жалуется, что у него всё плывёт перед глазами. = *The patient is complaining that everything looks blurry.*
- ❖ У меня на экране изображение плывёт. = *The image on my screen is getting blurry.*

Упражнение 26

Fill in the blanks with the correct form of the verbs of motion: **идти, ехать, лететь, бежать, плыть**.

1. Сейчас мы с Володей _____ на теплоходе в Неаполь. 2. Я уже купил билеты, и вечером мы _____ в кино. 3. Когда ты _____ в командировку? 4. Видишь, какие красивые облака _____ по небу. 5. Вчера вечером _____ сильный град. 6. Позавчера, когда мы _____ на дачу, из окна автобуса мы видели оленя. 7. Смотри, воздушный шарик _____, а за ним _____ маленький мальчик. 8. Саша, там акула! Не _____ туда, _____ назад! 9. Представляешь, вчера, когда _____ собрание, Николай Николаевич заснул! 10. Максим, позвони мне, когда будешь _____ на своей яхте обратно. 11. Сегодня вечером мы будем гулять по Парижу! Кстати, каким рейсом мы _____? 12. Сынок, не бойся воды, _____ ко мне!

Плавать

Спряжение глагола «плавать»

Настоящее время	Прошедшее время	Будущее время
я пла́ваю	он пла́вал	я бу́ду пла́вать
ты пла́ваешь	она пла́вала	ты будешь плавать
он пла́вает	оно плавало	он будет плавать
вы пла́ваете	они плавали	вы будете плавать
мы пла́ваем		мы будем плавать
они пла́вают	**Императив**	они будут плавать
	ты пла́вай!	
	вы пла́вайте!	

	Два раза в неделю я плаваю в бассейне.	*I swim in the swimming pool twice a week.*
	Витя плавал на лодке на другой берег.	*Vitya took a boat to the other bank of the river.*
	Утром я плавала в озере.	*I swam in the lake in the morning.* (Random movement)

Упражнение 27

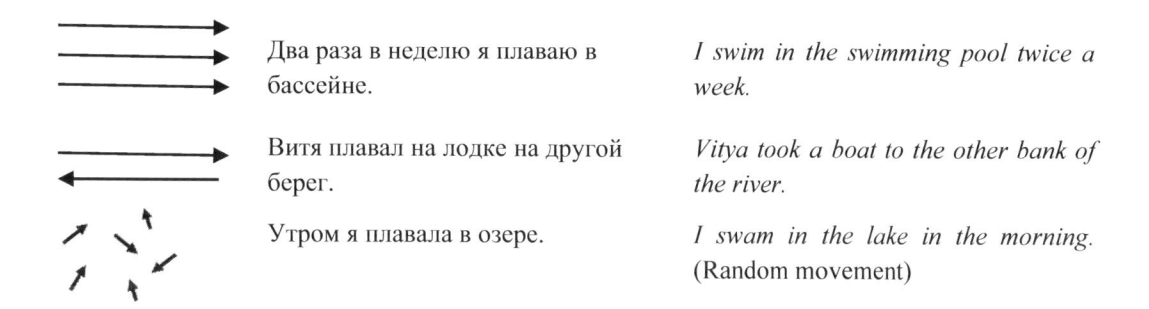

Read the text. Explain the reasons for using the particular verb of motion.

Плавать раньше, чем ходить

Ребёнок девять месяцев **плавает** в воде в животе у матери, поэтому вода для него – родная среда. Когда ребёнок рождается, и его сразу, буквально через 2- 3 недели, учат **плавать**, то он радуется. Когда ребёнок **плывёт**, то он двигается гораздо больше. Это помогает укрепить его мышцы и улучшить координацию. Более того, учёные доказали, что дети, которые **плавают** с рождения, раньше своих сверстников учатся **ходить**, читать и писать!

Маленькому Антошке уже два года. Он **ходит** в бассейн два раза в неделю. Он научился **плавать** раньше, чем **ходить**. Родители начали учить Антошку **плавать** через две недели после рождения, когда зажила пуповина. Вначале ребёнок **плавал** с тренером, а родители наблюдали за ним. Мама очень боялась, когда тренер погружал Антошку в воду с головой. На самом деле, у малыша от рождения есть рефлекс задержки дыхания, поэтому он спокойно ныряет. Рефлекс задержки дыхания пропадает, если прекратить регулярные занятия.

Сейчас Антошка сам прыгает с бортика и **плывёт** несколько секунд под водой. Его мама уже не боится этого. Сегодня родители играли с Антошкой в игру. У папы в руках был резиновый крокодил. Антошка **плыл** к папе, брал у папы крокодила и **плыл** на крокодиле обратно к маме. Потом они с мамой **плыли** к папе, чтобы отдать ему крокодила. Антошке было очень весело!

Плавание помогает детям расти здоровыми, жизнерадостными и уверенными в себе людьми. А вы любите **плавать**?

Translation of the text

Плавать раньше, чем ходить	*Swimming before walking*
Ребёнок девять месяцев плавает в воде в животе у матери, поэтому вода для него – родная среда.	*A baby float in the amniotic fluid in his mother's tummy, so water is a natural medium for him.*
Когда ребёнок рождается, и его сразу, буквально через 2- 3 недели, учат **плавать**, то он радуется.	*When the baby is born, and then in literally two to three weeks starts learning how to swim, he is very happy.*

Когда ребёнок **плывёт**, то он двигается гораздо больше.	When the baby swims, he moves more.
Это помогает укрепить его мышцы и улучшить координацию.	This helps strengthen his muscles and improve his coordination.
Более того, учёные доказали, что дети, которые **плавают** с рождения, раньше своих сверстников учатся **ходить**, читать и писать!	Moreover, scientists have proved that the babies who swim from birth begin walking, reading and writing earlier than their peers.
Маленькому Антошке уже два года.	Little Antoshka is already two years old.
Он **ходит** в бассейн два раза в неделю.	He goes to the pool twice a week.
Он научился **плавать** раньше, чем **ходить**.	He learned to swim before he learned how to walk.
Родители начали учить Антошку **плавать** через две недели после рождения, когда зажила пуповина.	The parents began teaching Antoshka to swim two weeks after his birth, after his umbilical cord was healed.
Вначале ребёнок **плавал** с тренером, а родители наблюдали за ним.	At the beginning, the baby was swimming with the coach, and the parents were watching them.
Мама очень боялась, когда тренер погружал Антошку в воду с головой.	Mom was very worried, when the coach submerged Antoshka's head.
На самом деле у малыша от рождения есть рефлекс задержки дыхания, поэтому он спокойно ныряет.	In reality, a baby from birth will automatically hold his breath, so he will dive easily.
Рефлекс задержки дыхания пропадает, если прекратить регулярные занятия	The reflex of holding one's breath will disappear is the regular classes are stopped.
Сейчас Антошка сам прыгает с бортика и **плывёт** несколько секунд под водой.	Now Antoshka jumps from the side of the pool by himself and swims for several seconds under water.
Его мама уже не боится этого.	His mom is not afraid of it anymore.
Сегодня родители играли с Антошкой в игру.	Today his parents played a game with Antoshka.
У папы в руках был резиновый крокодил.	Dad had a rubber crocodile in his hands.
Антошка **плыл** к папе, брал у папы крокодила и **плыл** на крокодиле обратно к маме.	Antoshka swam to Dad, took the crocodile from Dad and swam on the crocodile back to Mom.
Потом они с мамой **плыли** к папе, чтобы отдать ему крокодила.	Then he and his mother swam to Dad to give him back the crocodile.
Антошке было очень весело!	Antoshka had a lot of fun!
Плавание помогает детям расти здоровыми, жизнерадостными и уверенными в себе людьми.	Swimming helps children to grow up into healthy, vivacious and confident people.
А вы любите **плавать**?	Do you like to swim?

Запомним!

- ❖ The person on **transportation** never идёт – ходит, but **плывёт, едет, летит**.
- ❖ With transportation itself, except a plane, we use the verb **идти / ходить**
- ❖ With the plane we always use the verb **летать**.

Анна **летит** на самолёте. - Анна ~~идёт~~ на корабле.	*Anna is going by plane.*
Максим **плывёт** на корабле.	*Maxim is going by ship.*
Маша **едет** на автобусе.	*Masha is going by bus.*

BUT!

Скорый поезд Киев – Москва **ходит** через день.	*The Kiev to Moscow express runs every other day.*
Маршрутное такси **ходит** каждые 5 минут.	*The shuttle runs every five minutes.*

Упражнение 28

Fill in the blanks with the correct form of the verbs **идти/ходить, ехать/ездить, лететь/летать, бежать/бегать, плыть/плавать**.

1. Метро _____ до часу ночи. 2. В данный момент мы _____ на метро. 3. Автобус в Петергоф _____ каждые 20 минут. 4. Смотри, туристы _____ на автобусе. 4. Сейчас Иван Андреевич _____ на пароме. 5. Паром _____ 2 раза в день: утром и вечером. 6. Облака _____ по небу. 7. Мы сейчас _____ на самолёте в Америку. 8. В луже _____ осенние листья. 9. Есть люди-моржи. Они _____ зимой в ледяной воде. 10. Лев _____ за оленем. 11. Мой брат _____ в тренажёрный зал пять раз в неделю. 12. Смотри, около нашей лодки _____ разноцветные рыбы. 13. Спортсмены из Кении самые быстрые. Они _____ лучше всех. 14. Когда мы _____ вдоль берега, то вдалеке видели дельфинов. 15. В прошлом году мы _____ отдыхать в Болгарию. 16. Мой папа в отличной спортивной форме. Он каждое утро _____ в парке.

Упражнение 29

Translate into Russian.

1. I am swimming on the dolphin's back. _____

2. Swim (informal) faster! _____

3. My brother goes to the gym five times a week. _____
_____

4. The ferry runs twice a day: in the morning and in the evening. _____
_____

5. Sasha, there is a shark there! Don't swim there! Swim back! _____
_____

6. What beautiful clouds are floating in the sky! _____
_____

7. Look, a balloon is floating, and a little girl is running after it. _____
_____

8. Can you (polite) imagine - yesterday, during the meeting (while the meeting was going on), Nikolay Nikolayevich fell asleep! _____
_____

9. The subway runs till 1 A.M. _____

10. My Dad is in a very good shape. Every morning he jogs in the park. _____
_____

11. It takes 30 minutes to get to the museum by subway. _____
_____

12. The wolf is chasing the hair. _____

13. The day before yesterday, when we were going to the dacha by bus, we saw a deer out the bus window. _____
_____

14. We are going by ferry. _____

15. Sergey is complaining that everything looks blurry. _____

Урок 6

Вести – водить

вести́ - води́ть = *to drive, to bring*

Вести

Спряжение глагола «вести»

Настоящее время	Прошедшее время	Будущее время
я веду́	он вёл	я буду вести́
ты ведёшь	она вела́	ты будешь вести
он ведёт	оно вело́	он будет вести
вы ведёте	они вели́	вы будете вести
мы ведём		мы будем вести
они веду́т		они будут вести

Императив

ты веди́!
вы веди́те!

Я веду машину и слушаю музыку.	*I am driving a car and listening to music.* (Present)
Я вела машину, а дети спали на заднем сиденье.	*I was driving a car, and my kids were asleep in the back seat.* (Past)
Давай я буду вести машину, а ты будешь мне говорить, куда ехать.	*Let me drive the car, and you will give me directions.* (Future)
Кто ведёт эту группу детей в музей?	*Who is taking this group of children to the museum?*
Мать ведёт ребёнка к врачу.	*The mother is taking the child to the doctor.*

English phrase *'I am driving a car.'* can be translated into Russain with two phrases:

Я еду на машине. = I am going by a car. (The person can be a driver or a passenger)

Я веду машину. = I am driving a car. (The person is a driver)

When we talk about driving a vehicle, we use the verb **вести** only when the vehicle has an **engine**.

Ex.: Я веду корабль, моторную лодку, самолёт, etc.

Запомним!

- ❖ Я веду машину. = Я еду на машине. = *I am driving a car.*
- ❖ Я плыву на лодке. (Я ~~веду лодку~~). = *I am going by boat.*

Упражнение 30

A) Create sentences following the example. Use the correct form of the verb **вести when possible**. Otherwise, use the correct form of the verb **ехать**. (Present)

Образец: Я / вертолёт
Я веду вертолёт.

1. Пилоты/самолёты _____
2. Капитаны/корабли _____
3. Ты/грузовик _____
4. Антон/велосипед _____
5. Я/трамвай _____
6. Вы/моторная лодка _____
7. Дети/лыжи _____
8. Ребёнок/санки _____
9. Мы/коньки _____
10. Дети/сноуборды _____

Б) Different people were taking other people to various places. On the way there, it was snowing. Create sentences following the example. Use the correct form of the verbs **вести**. (Past)

Образец: Марина /дочь /поликлиника
Когда Марина вела дочь в поликлинику, шёл снег.

1. Мы/группа детей / цирк _____

2. Я/ребёнок/садик _____

3. Инструктор/альпинистов /вершина _____

4. Максим /маленький брат /дом _____

5. Вы/бабушка /врач _____

6. Ты (молодой человек) /сестра/музей _____

B) Tomorrow different people will bring other people to various places. They will call me on the way there. Create sentences following the example. (Future)

    Образец: Ты/ Маша, музей

    Ты позвонишь мне завтра, когда ты будешь вести Машу в музей.

1. Елена / Максим/день рождения _____

2. Они /дети/ школа _____

3. Мой муж/ребёнок/садик _____

4. Вы/дедушка/врач _____

5. Ирина / группа/выставка _____

Упражнение 31

Fill in the blanks with the correct form of the verbs of motion: **идти, ехать, лететь, бежать, плыть, вести**.

1. Дима, давай ты будешь _____ машину, а я тебе буду говорить, куда _____. 2. Учительница _____ детей на экскурсию. 3. Сегодня мы _____ в гости к друзьям. На чём мы будем _____: на машине или на общественном транспорте? 4. Смотри, лебеди _____ по озеру! 5. Коля, возьми зонт - на улице _____ дождь. 6. Вчера, когда мы _____ на автобусе домой, мы попали в пробку. 7. Завтра в это время вы будете _____ на самолёте в Испанию. 8. Из крана _____ вода. 9. Экскурсовод _____ туристов к памятнику Пушкина.

Водить

Спряжение глагола «водить»

Настоящее время	Прошедшее время	Будущее время
я вожу́	он води́л	я бу́ду води́ть
ты во́дишь	она води́ла	ты будешь водить
он во́дит	оно води́ло	он будет водить
вы во́дите	они води́ли	вы будете водить
мы во́дим		мы будем водить
они во́дят	**Императив**	они будут водить
	ты води́!	
	вы води́те!	

Гид Петров водит туристов по этому маршруту. — *The Guide Mr. Petrov shows (takes) tourists this route.*

Наташа водила группу в Карпаты. — *Natasha guided the group in the Carpathian Mountains.*

Я научился водить машину в 16 лет. — *I learned how to drive at the age of sixteen.*

Упражнение 32

Fill in the blanks with the correct forms of the verb **водить**.

1. Моя жена очень хорошо _____ машину. 2. У нас заболел кот, и вчера мама _____ его к ветеринару. 3. С завтрашнего дня ты будешь _____ Сашеньку в садик. 4. Серёжа, ты на

прошлой неделе _____ брата в бассейн? 5. Мой папа – лётчик. Он _____ пассажирские самолёты. 6. В прошлом году Анна Сергеевна _____ свой класс в планетарий 2 раза. 7. Вы когда-нибудь _____ грузовик?

Упражнение 33

Read the text. Explain the reason for using the particular verb of motion.

Новичок за рулём

Я сдала на права! Ура! Теперь я сама могу **водить** машину. Я так долго об этом мечтала! Моя подружка Светка уже год **водит** машину. А чем я хуже? Два месяца я **ездила** с инструктором, потом два дня с мужем, потом опять месяц с инструктором.

И вот я **веду** машину сама! Мне немножко страшно. Но пока всё **идёт** нормально. Я **еду** по тихой улице. Теперь мне нужно перестроиться вправо. Так, смотрю направо – свободно. Включаю поворот, перестраиваюсь. Замечательно! Машина медленно **едет** в крайнем правом ряду. Помню, что Светка мне советовала включить музыку для успокоения. Включаю музыку.

Ой, что это? Машина? Ещё одна, и ещё одна. Куда они все спешат? Я хочу домой! Мне надо развернуться и **ехать** домой. Так, я сейчас перестроюсь влево и развернусь на перекрёстке. Я включаю поворот. Почему они меня не пропускают? Я правильно включила поворот? Ой, что-то я всё забыла. Где лево? Где право? Боже! Я помню, что инструктор учил меня: право там, где обручальное кольцо. Как пригодился его совет! Надо перестроиться, но как? Машины **летят** как сумасшедшие. И ещё сигналят. Господи, помоги! Нашёлся один мужик, который остановился, перегородил дорогу и показывает мне: давай, **езжай**! Спасибо, родной!

Перестраиваюсь в левую полосу, разворачиваюсь и **еду** обратно. Вот и моя родная тихая улица! Вот мой родной гараж! Я думаю, что в следующий раз надо попросить Светку, чтобы она посидела рядом, когда я буду **вести** машину.

Да, с инструктором **водить** было легче.

Translation of the text

Я сдала на права! Ура!	*I got my driver's license! Hooray!*
Теперь я сама могу **водить** машину.	*I can drive a car by myself.*
Я так долго об этом мечтала!	*I have been dreaming about this for so long!*
Моя подружка Светка уже год **водит** машину.	*My friend Svetka has been driving a car for two years.*

А чем я хуже?	*Am I a worse driver? (Am I worse?)*
Два месяца я **ездила** с инструктором, потом два дня с мужем, потом опять месяц с инструктором.	*For two months I drove with an instructor, then, for two days with my husband and then another month with an instructor.*
И вот я **веду** машину сама!	*And now I am driving the car by myself!*
Мне немножко страшно.	*I am a little bit afraid.*
Но пока всё **идёт** нормально.	*But everything is going well so far.*
Я **еду** по тихой улице.	*I am driving along a quiet street.*
Теперь мне нужно перестроиться вправо.	*Now I need to merge into the right lane.*
Так, смотрю направо – свободно.	*Okay, I am looking to the right – it's free.*
Включаю поворот, перестраиваюсь.	*Turning on my turn signal and merging.*
Замечательно!	*Wonderful!*
Машина медленно **едет** в крайнем правом ряду.	*The car is slowly driving in the far right lane.*
Помню, что Светка мне советовала включить музыку для успокоения.	*I remember that Svetka recommended that I turn on some music to feel relaxed.*
Включаю музыку.	*I am turning on the music.*
Ой, что это?	*Oh, what's that?*
Машина?	*A car?*
Ещё одна, и ещё одна.	*And another one, and another one.*
Куда они все спешат?	*Where are they all hurrying to?*
Я хочу домой!	*I want to go home!*
Мне надо развернуться и **ехать** домой.	*I need to turn around and go home.*
Так, я сейчас перестроюсь влево и развернусь на перекрёстке.	*Okay, now I will merge left and turn around at the crossroads.*
Я включаю поворот.	*I am turning on the turn signal.*
Почему они меня не пропускают?	*Why aren't they letting me through?*
Я правильно включила поворот?	*Did I turn on the turn signal correctly?*
Ой, что-то я всё забыла.	*Oh, I think I forgot everything.*
Где лево?	*Where is left?*
Где право?	*Where is right?*
Боже!	*OMG!*

Я помню, что инструктор учил меня: право там, где обручальное кольцо.	*I remember that the instructor taught me that the right hand is the one with the wedding ring. (Russians wear their wedding rings on the right hand.)*
Как пригодился его совет!	*His advice is so useful!*
Надо перестроиться, но как?	*I need to merge, but how?*
Машины **летят** как сумасшедшие.	*The cars are flying by like crazy.*
И ещё сигналят.	*And also honking.*
Господи, помоги!	*Help me, God!*
Нашёлся один мужик, который остановился, перегородил дорогу и показывает мне: давай, **езжай**!	*One man stopped, blocked the road and motioned for me to go ahead. (showed me: go ahead, go!)*
Спасибо, родной!	*Thank you, dear!*
Перестраиваюсь в левую полосу, разворачиваюсь и **еду** обратно.	*I am merging left, turning around and driving back.*
Вот и моя родная тихая улица!	*Here is my own quiet street!*
Вот мой родной гараж!	*Here is my own garage!*
Я думаю, что в следующий раз надо попросить Светку, чтобы она посидела рядом, когда я буду **вести** машину.	*I think that next time I need to ask Svetka to sit next to me when I am driving.*
Да, с инструктором **водить** было легче.	*Yes, it was easier to drive with the instructor.*

Упражнение 34

Fill in the blanks with the correct forms of the verbs from lessons идти/ходить, ехать/ездить, лететь/летать, бежать/бегать, плыть/плавать, вести/водить.

1. Раз в полгода мы _____ свою собаку к ветеринару. 2. Куда ты нас _____? Ты знаешь дорогу? 3. Реактивные самолёты _____ очень высоко. 4. Метро _____ каждые пять минут. 5. Я _____ на метро в театр. 6. Уже третий день _____ дождь. 7. В прошлую субботу мы _____ на велосипеде в парк. 8. Страусы очень быстро _____. 8. Моисей 40 лет _____ евреев по пустыне.

Упражнение 35

Translate into Russian.

1. I am driving a car. _____
2. You (informal) are riding a bike. _____
3. Bus number 5 runs every ten minutes. _____
4. Once a year, we bring our dog to the vet. _____
5. My uncle drives a truck. _____
6. We are going by car. Who is driving? _____
7. It has been raining for two days. _____
8. Moses led the Jewish people through the desert for 40 years. _____
9. It's time for jogging! _____
10. When are you going on a business trip? _____
11. Do trolleys run here? Yes, they run every five minutes. _____
12. Elena Sergeyevna is takng the kids to the museum. _____
13. Ostriches run very fast. _____
14. Where are you (polite) taking us? _____

Урок 7

Нести – носить

нести́ - носи́ть = *to carry, while moving by foot*

Нести

Спряжение глагола «нести»

Настоящее время	Прошедшее время	Будущее время
я несу́	он нёс	я буду нести́
ты несёшь	она несла́	ты будешь нести
он несёт	оно несло́	он будет нести
вы несёте	они несли́	вы будете нести
мы несём		мы будем нести
они несу́т		они будут нести

Императив

ты неси́!
вы неси́те!

Маленький муравей несёт большой лист.	*The little ant is carrying a big leaf.* (Present)
Вчера я видела, как наша соседка шла из магазина и несла тяжёлую сумку.	*Yesterday I saw our neigbour walking down the street and carrying a heavy bag.* (Past)
Гена, давай я буду нести сумку, а ты будешь нести ребёнка.	*Ghena, let me carry the bag, and you carry the child.* (Future)
Индийские женщины носят на голове кувшины с водой.	*Indian women carry jars with water on their head.*

Let's have a look at some expressions, when the verb **нести** has non-motion meaning.

Запомним!

❖ **Сейчас я несу** ответственность за это. = *Right now I am responsible (carry responsibility) for this.* (non-motion meaning)

❖ **Я всегда несу** (ношу) ответственность за свои слова. = *I am always responsible for my words.* (non-motion meaning)

❖ **Ты несёшь** чушь. = *You are speaking gibberish.* (non-motion meaning)

Упражнение 36

А) Rephrase the following sentences following the example. Use the correct form of the verb **нести**. (Present)

Образец: У меня в пакете печенье.
Я несу в пакете печенье.

1. У меня в кармане крупная сумма денег. _____
2. У детей в руках игрушки. _____
3. У тигра в зубах добыча. _____
4. У тебя на плече сумка. _____
5. У вас на плечах рюкзаки. _____
6. У мамы в чашке чай. _____
7. У африканских женщин за спиной дети. _____

Б) Yesterday different people saw somebody carrying something. Create sentences following the example. Use the correct form of the verbs **нести**. (Past)

Образец: Полицейский /вор / сумка с деньгами.
Полицейский видел, как вор нёс сумку с деньгами.

1. Катя/кошка/котёнок _____
2. Иван/его брат /ёжика _____

3. Мы/вы/цветы _____

4. Дети/родители / подарки _____

5. Вы/бабушка/пирожки _____

B) Different people will be responsible for different things. Create sentences following the example. (Future)

        Образец: Вы/ дети
        Вы будете нести ответственность за детей.

1. Телохранители / жизнь своих клиентов _____

2. Министр финансов / государственный бюджет _____

3. Мы/свои решения _____

4. Ты/свои поступки _____

5. Вы/свои слова _____

Упражнение 37

Fill in the blanks with the correct form of the verbs of motion: **идти, ехать, лететь, бежать, плыть, вести, нести**.

1. Девушка _____ по улице, _____ в руках цветы и улыбалась. 2. Саша, у тебя есть сто рублей? Да, я всегда _____ с собой наличные. 3. Дорогая, я забыл, куда мы с тобой сегодня _____ ? 4. Лена очень хорошо _____ машину. 5. Папа, сегодня наша учительница _____

нас в музей. 6. Таня, я тебя вчера видел. Ты _____ по улице и разговаривала с каким-то мужчиной. 7. Я видел, как по морю _____ корабль. 8. Смотри: кошка _____ в зубах котёнка. 9. Дети пытаются запустить воздушного змея, но он не _____.

Носить

Спряжение глагола «носить»

Настоящее время	Прошедшее время	Будущее время
я ношу́	он носи́л	я бу́ду носи́ть
ты но́сишь	она носи́ла	ты будешь носить
он но́сит	оно носи́ло	он будет носить
вы но́сите	они носи́ли	вы будете носить
мы но́сим		мы будем носить
они но́сят		они будут носить

Императив

ты носи́!
вы носи́те!

Бабушка везде **носит** с собой сумку. — *Grandma always carries a bag with her.*

-Марина, ты ходила к дедушке в больницу? — *- Marina, have you been to the hospital to visit grandpa?*

- Да, мам, ходила и **носила** ему еду. — *- Yes, Mom, I have and I brought him some food.*

Когда я хожу в ресторан, то всегда **ношу** с собой наличные. — *When I go to the restaurant, I always carry cash with me.*

Упражнение 38

Fill in the blanks with the correct forms of the verb **носить**.

1. Нина, у тебя всегда такая тяжёлая сумка. Что ты в ней _____? 2. Когда я был маленький, папа _____ меня на плечах. 3. Когда мы были студентами, мы _____ в портфелях тяжёлые книги. 4. Дорогая, когда ты будешь моей женой, я буду _____ тебя на руках. 5. Маша, я не могу найти

свои тапки. Ты, случайно, их не видела? Видела, 10 минут назад наша такса _____ их в зубах.

6. Этот официант – просто виртуоз: он _____ по три тарелки в каждой руке!

Упражнение 39

Read the text. Explain the reason for using the particular verb of motion.

Дедушка в больнице

Кира и Оля – подружки.

Кира: Оля, привет! Куда ты **идёшь** с большой сумкой?

Оля: Привет! Я **иду** в больницу к дедушке и **несу** ему еду.[2]

Кира: В больницу? Что случилось?

Оля: Наш дедушка попал в больницу. В понедельник утром он **шёл** по улице, поскользнулся, упал и сломал ногу. Хорошо, что дедушка **носит** с собой телефон. Он сразу позвонил маме.

Кира: Да, мама всегда знает, что делать. А ты теперь каждый день к нему **ходишь**?

Оля: Нет, мы с братом ходим по очереди. Вчера он **носил** еду дедушке, а сегодня я. Но послезавтра не нужно будет **носить** ничего, потому что послезавтра дедушку выпишут из больницы.

Кира: Я тебе позавчера звонила, но ты не поднимала трубку.

Оля: Да, я как раз **ехала** в больницу на автобусе и не слышала звонка. А чего ты мне звонила?

Кира: Я решила **ходить** в бассейн и хотела у тебя спросить про расписание и что нужно для занятий. Ты ведь **ходишь** в бассейн по вторникам и четвергам?

Оля: Да, я **хожу** по вторникам и четвергам. Что нужно? Я всегда **ношу** с собой купальник, резиновую шапочку, резиновые тапочки и полотенце. Больше ничего не нужно.

Кира: Поняла, спасибо. Ну ладно, пока.

Оля: Пока.

Translation of the text

Кира и Оля – подружки. *Kira and Olya are friends.*

---

[2] In Russia, it is a common sign of care to bring homemade food and fresh fruits/vegetables to people in the hospital. Hospital food is usually not great.

Оля, привет! Куда ты **идёшь** с большой сумкой?	Hi Olya. Where are going with that big bag?
Привет! Я **иду** в больницу к дедушке и **несу** ему еду.	I am going to see my grandpa in the hospital, and I am taking him some food.
В больницу? Что случилось?	In the hospital? What happened?
Наш дедушка попал в больницу.	Our Grandpa ended up in the hospital.
В понедельник утром он **шёл** по улице, подскользнулся, упал и сломал ногу.	Monday morning he was walking down the street, slipped, fell and broke his leg.
Хорошо, что дедушка **носит** с собой телефон.	It's good that Grandpa carries a phone with him.
Он сразу позвонил маме.	He called Mom right away.
Да, мама всегда знает, что делать.	Yes, Mom always knows what to do.
А ты теперь каждый день к нему **ходишь**?	And do you visit him every day now?
Нет, мы с братом ходим по очереди.	No, my brother and I take turns.
Вчера он **носил** еду дедушке, а сегодня - я.	Yesterday he took food to grandpa, and today I will.
Но послезавтра не нужно будет **носить** ничего, потому что послезавтра дедушку выпишут из больницы.	But the day after tomorrow, there will be no need to bring him anything, because on that day, Grandpa will be released from the hospital.
Я тебе позавчера звонила, но ты не поднимала трубку.	I called you the day before yesterday, but you did not pick up.
Да, я как раз **ехала** в больницу на автобусе и не слышала звонка.	Yes, I was just riding the bus to the hospital and did not hear the phone.
А чего ты мне звонила?	Why were you calling us?
Я решила **ходить** в бассейн и хотела у тебя спросить про расписание, и что нужно для занятий.	I decided to go to the pool and wanted to ask you about the schedule, and what I need for classes.
Ты ведь **ходишь** в бассейн по вторникам и четвергам?	You are going to the pool every Tuesday and Thursday, aren't you?
Да, я **хожу** по вторникам и четвергам.	Yes, I go every Tuesday and Thursday.
Что нужно?	What do you need?
Я всегда **ношу** с собой купальник, резиновую шапочку, шлепки и полотенце.	I always carry a swimsuit, a swim cap flip flops and a towel.
Больше ничего не нужно.	You don't need anything else.
Поняла, спасибо.	I got it, thank you.
Ну ладно, пока. Пока.	Okay, bye. Bye.

Упражнение 40

Fill in the blanks with the correct forms of the verbs from lessons **идти/ходить, ехать/ездить, лететь/летать, бежать/бегать, плыть/плавать, вести/водить, нести/носить**.

1. Марина всегда _____ в сумочке расчёску. 2. Спортсмены на соревнованиях _____ ответственность за применение допинга. 3. Ира, где ты вчера была? Я _____ в оперный театр. 4. Иван Петрович боится _____ на самолёте. 5. Вчера я (девушка) первый раз _____ на лошади! 6. Бег очень полезный для здоровья. Я каждый день _____ в парке. 7. Смотри, гуси _____ по воде. 8. Мы не могли её слушать - она _____ чушь! 9. Игорь – опытный водитель; он _____ машину уже 25 лет. 10. Они _____ на остановку, чтобы поймать последний автобус.

Упражнение 41

Translate into Russian.

1. Yesterday I saw our neighbor (female) going along the street and carrying a heavy bag. _____

2. Sasha, do you have 100 roubles? Yes, I always carry cash on me. _____

3. Ivan Petrovich is afraid to fly on a plane. _____

4. The Minister of Finance is responsible for the state budget. _____

5. Look, our dog is running around the room carrying your slippers. _____

6. Honey, I forgot - where are we going today? _____

7. All animals can swim. _____

8. The police officer saw the thief carrying a bag of money. _____
   _____

9. It is easier to drive with an instructor. _____

10. I am going by boat. _____

11. Our boss is running late. You don't have to run. _____
    _____

12. I would like to be able to fly like Avatar. _____
    _____

13. Tomorrow I will be travelling by plane for the first time. _____
    _____

Answer Keys

Ответы

Упражнение 1

А) 1. Алла идёт на дискотеку. 2. Антон идёт в бассейн. 3. Мы идём на концерт рок музыки. 4. Светлана с Олегом идут в театр. 5. Вы идёте в гости к друзьям. 6. Ты идёшь домой.

Б) 1. Когда Алла шла на дискотеку, она встретила Машу. 2. Когда Антон шёл в бассейн, он встретил соседа, Николая Ивановича. 3. Когда мы шли на концерт рок музыки, мы встретили Ольгу с Игорем. 4. Когда Светлана с Олегом шли в театр, они встретили директора. 5. Когда вы шли в гости к друзьям, вы встретили меня. 6. Когда ты шла домой, ты встретила подругу.

В) 1. Завтра, когда Алла будет идти на дискотеку, она позвонит Маше. 2. Завтра, когда Антон будет идти в бассейн, он позвонит Николаю Ивановичу. 3. Завтра, когда мы будем идти на концерт рок музыки, мы позвоним Ольге. 4. Завтра, когда Светлана с Олегом будут идти в театр, они позвонят директору. 5. Завтра, когда вы будете идти в гости к друзьям, вы позвоните мне. 6. Завтра, когда ты будешь идти домой, ты позвонишь подруге.

Упражнение 2

1. иду; 2. шёл; 3. идёт; 4. идём; 5. шла; 6. идти; 7. шёл; 8. шли; 9. идёт; 10. идти; 11. шёл; 12. идёт; 13. шла; 14. идёт, идёт; 15. шло; 16. иди.

Упражнение 3

1. ходит; 2. ходят; 3. ходит; 4. ходим; 5. ходить; 6. ходили; 7. ходили; 8. ходили; 9. ходить; 10. ходим; 11. ходить; 12. ходит.

Упражнение 5

1. иду, хожу; 2. идут, ходят; 3. идём, ходим; 4. ходили, идём; 5. хожу, иду; 6. ходила, ходит; 7. идёт, ходит; 8. ходить; 9. шёл.

Упражнение 6

1. Зимой часто идёт снег. 2. Я хожу в бассейн 2 раза в неделю. 3. Смотри, поезд идёт. 4. Вчера, когда я шёл домой, я встретил друга. 5. Мы с женой ходили во французский ресторан в субботу. 6. Позавчера я видела Анну. Она шла по улице и разговаривала по телефону. 7. В воскресенье целый день шёл дождь. 8. Мой пудель умеет ходить на задних лапах. 9. О чём идёт разговор? 10. Разговор идёт о тебе. 11. Марина обожает ходить по магазинам. 12. Позвони мне, когда будешь идти на обед. 13. Время идёт. 14. Павел не знал, что сказать. Время шло медленно. 15. Иди сюда, я тебе что-то покажу.

Упражнение 7

А) 1. Михаил Иванович едет на машине на дачу. 2. Владимир с Борисом едут на троллейбусе на футбольный матч. 3. Мы идём в гости к бабушке. 4. Куда ты идёшь? 5. Вы идёте в гости к друзьям. 6. Оксана идёт домой. 7. Дима едет на мотоцикле к другу.

Б) 1. Вчера, когда Михаил Иванович ехал на машине на дачу, он видел радугу. 2. Вчера, когда Владимир с Борисом ехали на троллейбусе на футбольный матч, они видели радугу. 3. Вчера, когда мы шли в кафе, мы видели радугу. 4. Вчера, когда ты шёл в магазин, ты видел радугу. 5. Вчера, когда вы шли в гости к друзьям, вы видели радугу. 6. Вчера, когда дети шли в школу, они видели радугу. 7. Вчера, когда я ехал на мотоцикле к другу, я видел радугу.

В) 1. Завтра, когда Михаил Иванович будет ехать на дачу (usually a country house is far away), он позвонит мне. 2. Завтра, когда Владимир с Борисом будут идти. (It is possible to use **ехать**, but usually, if the mode of transprtation is not used, **идти** is the verb that is used) на футбольный матч, они позвонят мне. 3. Завтра, когда вы будете ехать к бабушке в Москву, вы позвоните мне. 4. Завтра, когда ты будешь идти на день рождения, ты позвонишь мне. 5. Завтра, когда вы будете идти в гости к друзьям, вы позвоните мне. 6. Завтра, когда Оксана будет идти на дискотеку, она позвонит мне. 7. Завтра, когда Лена будет идти в университет, она позвонит мне.

Упражнение 8

1. иду; едет; 2. едет; 3. идём; 4. ехала; 5. ехал; 6. едут; 7. идёт; 8. ехала; 9. едет; 10. идёт, идёт; идём; 10. едете, едем; 11. едет.

Упражнение 9

1. ездите; 2. сздит; 3. ездят; 4. ездили; 5. ездить; 6. ездили; 7. ездили; 8. езжу; 9. ездить; 10. ездили.

Упражнение 11

1. ездить, ездит; 2. ходили; 3. идёте; 4. идёт; 5. ездили; 6. ездим; ездили; 7. ходить; 8. ездить; 9. едут; 10. едешь.

Упражнение 12

1. Сейчас я иду по тротуару, а мой маленький брат едет на велосипеде рядом со мной. 2. Опять пробка! Куда люди едут? 3. Мы едем в гости к бабушке в Москву. 4 Ты видишь мужчину, который едет на лошади? 5. Смотри, кто это едет на чёрном Мерседесе? 6. Виктор везде ездит на машине. 7. Как часто ходит поезд «Москва - Санкт-Петербург»? 8. Когда я буду жить в Париже, я буду ходить по музеям. 9. Вы когда-нибудь ездили на Гавайи? 10. Туристы устали. Они ходили по горам целый день. 11. Каждый день в 7:30 утра Олег идёт на автобусную остановку. 12. Утром шёл снег.

Упражнение 13

А) 1. Мы летим на воздушном шаре. 2. Врач летит на вертолёте в госпиталь. 3. Баба-Яга летит на метле в лес. 4. Ты летишь в командировку? 5. Вы летите в гости к друзьям? 6. Журавли летят на юг. 7. Дима летит на дельтаплане вниз.

Б) 1. Мы познакомились с Джоном в поезде, когда ехали в командировку в Москву. 2. Борис познакомился с Джоном в самолете, когда летел в командировку в Москву. 3. Николай и Ирина познакомились с Джоном в автобусе, когда ехали в командировку в Москву. 4. Ты познакомился с Джоном в самолёте, когда летел в командировку в Москву? 5. Вы познакомились с Джоном в самолёте, когда летели в командировку в Москву. 6. Ольга познакомилась с Джоном в поезде, когда ехала в командировку в Москву.

В) 1. Завтра, когда Джессика будет лететь на самолёте, она будет читать эту книгу. 2. Завтра, когда мы с Тэдом будем лететь на самолёте, мы будем читать эту книгу. 3. Завтра, когда я буду лететь на самолёте, я буду читать эту книгу. 4. Завтра, когда вы с папой будете лететь на самолёте, вы будете читать эту книгу. 5. Завтра, когда наши друзья будут лететь на самолёте, они будут читать эту книгу.

Упражнение 14

1. едем; 2. летит; 3. идут; 4. летела; 5. летели; 6. ехали; 7. идёт; 8. едем; 9. летит; 10. лечу; 11. летим, едем; 12. идёт.

Упражнение 15

1. летаете; 2. летает; 3. летать; 4. летали; 5. летают; 6. летает; 7. летал; 8. летаешь; 9. летали.

Упражнение 17

1. летать, ездить; 2. летит; 3. ходила; 4. едете, летите; 5. едешь; 6. летела; 7. ходим; 8. летает; 9. ходит; 10. лететь.

Упражнение 18

1. Моя мама не любит летать на самолёте, она предпочитает ездить на поезде. 2. Когда я был маленьким мальчиком, я летал во сне. 3. Я люблю, когда идёт снег. 4. Журавли летят на юг. 5. Куда ты идёшь? Я иду на обед. 6. Вчера мы шли по пляжу и видели, как чайки летали над водой. 7. Поезд ходит по расписанию. 8. Ура! Мы будет летать на воздушном шаре через пятнадцать минут! 9. Чьё-то полотенце летало в воздухе. 10. Таня сказала мне, что вы едете в командировку в Курск. Вы едете на поезде или летите на самолёте? 11. Вчера мы четыре часа ходили по магазинам. 12. Вы видели пожар, когда летели на вертолёте над тайгой? 13. Дорогая, я лечу к тебе на крыльях любви! 14. Смотри, красивая бабочка летает над твоей головой. 15. Мы идём в театр в воскресенье.

Упражнение 19

А) 1. Мы бежим за автобусом. 2. Вы бежите за Оксаной. 3. Дети бегут за мячиком. 4. Ты бежишь за мной. 5. Вы бежите за гостями. 6. Тигр бежит за кабаном. 7. Я бегу за тобой.

Б) 1. Мы потеряли ключи, когда бежали в парк. 2. Борис Сергеевич потерял ключи, когда бежал в офис. 3. Николай и Ирина потеряли ключи, когда бежали на троллейбусную остановку. 4. Ты потерял ключи, когда бежал на свидание. 5. Вы потеряли ключи, когда бежали в аудиторию. 6. Ольга потеряла ключи, когда бежала на собрание.

В) 1. Завтра, когда Джессика будет бежать марафон, она должна не забыть остановиться после финиша. 2. Завтра, когда мы с Тэдом будем бежать марафон, мы должны не забыть остановиться после финиша. 3. Завтра, когда я буду бежать марафон, я должна не забыть остановиться после финиша. 4. Завтра, когда вы с братом будете бежать марафон, вы должны не забыть остановиться после финиша. 5. Завтра, когда ваши сотрудники будут бежать марафон, они должны не забыть остановиться после финиша.

Упражнение 20

1. Саша, езжай быстрее! 2. Коля с Павликом, идите быстрее! 3. Шарик, лети быстрее! 4 Дети, бегите быстрее! 5. Борис Иванович, езжайте быстрее! 6. Лошадь, беги быстрее!

Упражнение 21

1. бегать; 2. бегаю; 3. бегал; 4. бегал; 4. бегала; 5. бегают; 6. бегать; 7. бегаешь.

Упражнение 23

1. бегут; 2. летит; 3. ходили; 4. идёт; 5. едет; 6. шёл; 7. бегает; 8. летит; 9. едет; 10. бежит; 11. идёт.

Упражнение 24

1. Павел бежит в тренажёрный зал. 2. Беги, Форест, беги! 3. Футболист бежит со скоростью семь километров в час. 4. О, вот идёт мой автобус! 5. Время летело быстро. 6. Успокойся! Что ты бегаешь туда-сюда? 7. Посмотри, солнечные зайчики бегают по комнате. 8. Езжайте быстрее, пожалуйста! 9. Саша, иди быстрее, пожалуйста! 10. Пора бегать! 11. Лошадь бежала рысью. 12. До офиса ехать десять минут на автобусе. 13 Тигр бежит за кабаном.

Упражнение 25

А) 1. Мой брат плывёт к тебе. 2. Вы плывёте к ним. 3. Они плывут к нам. 4. Ты плывёшь к ней. 5. Я плыву к тебе. 6. Вы плывёте ко мне. 7. Она плывёт к нему.

Б) 1. Мы устали и замёрзли, когда мы плыли вдоль берега. 2. Вы устали и замёрзли, когда вы плыли вдоль берега. 3. Друзья устали и замёрзли, когда они плыли вдоль берега. 4. Ты устал и замёрз, когда ты плыл вдоль берега. 5. Я устала и замёрзла, когда я плыла вдоль берега. 6. Девушка устала и замёрзла, когда она плыла вдоль берега.

В) 1. Я буду плыть за вами. 2. Вы будете плыть за ней. 3. Она будет плыть за ним. 4. Он будет плыть за нами. 5. Мы будем плыть за ними. 6. Они будут плыть за тобой. 7. Ты будешь плыть за Еленой.

Упражнение 26
1. плывём; 2. идём; 3. едешь; 4. плывут; 5. шёл; 6. ехали; 7. летит; бежит; 8. плыви, плыви; 9. шло; 10. плыть; 11. летим; 12. плыви.

Упражнение 28
1. ходит; 2. едем; 3. ходит; 4. едут; 4. плывёт; 5. ходит; 6. плывут; 7. летим; 8. плавают; 9. плавают; 10. бежит; 11. ходит; 12. плавают; 13. бегают; 14. плыли; 15. ездили; 16. бегает.

Упражнение 29
1. Я плыву на спине дельфина. 2. Плыви быстрее! 3. Мой брат ходит в тренажёрный зал пять раз в неделю. 4. Паром ходит два раза в день: утром и вечером. 5. Саша, там акула! Не плыви туда, плыви назад! 6. Какие красивые облака плывут по небу. 7. Посмотри, шарик летит, а маленькая девочка бежит за ним. 8. Представляете, вчера, когда шло собрание, Николай Николаевич заснул! 9. Метро ходит до часу ночи. 10. Мой папа в очень хорошей форме. Каждое утро он бегает в парке. 11. До музея на метро ехать 30 минут. 12. Волк бежит за зайцем. 13 Позавчера, когда мы ехали на дачу на автобусе, мы видели оленя из окна автобуса. 14. Мы едет на пароме. 15. Сергей жалуется, что все плывёт перед глазами.

Упражнение 30
А) 1. Пилоты ведут самолёты. 2. Капитаны ведут корабли. 3. Ты ведёшь грузовик. 4. Антон едет на велосипеде. 5. Я веду трамвай. 6. Вы ведёте моторную лодку. 7. Дети едут на лыжах. 8. Ребёнок едет на санках. 9. Мы едем на коньках. 10. Дети едут на сноубордах.

Б) 1. Когда мы вели группу детей в цирк, шёл снег. 2. Когда я вела ребёнка в садик, шёл снег. 3. Когда инструктор вёл альпинистов к вершине, шёл снег. 4. Когда Максим вёл маленького брата домой, шёл снег. 5. Когда вы вели бабушку к врачу, шёл снег. 6. Когда ты вёл сестру в музей, шёл снег.

В) 1. Елена позвонит мне завтра, когда она будет вести Максима на день рождения. 2. Они позвонят мне завтра, когда они будут вести детей в школу. 3. Мой муж позвонит мне завтра, когда он будет вести ребёнка в садик. 4. Вы позвоните мне завтра, когда вы будете вести дедушку к врачу. 5. Ирина позвонит мне завтра, когда она будет вести группу на выставку.

Упражнение 31
1. вести, ехать; 2. ведёт; 3. идём, ехать; 4. плывут; 5. идёт; 6. ехали ; 7. лететь; 8. идёт (бежит); 9. ведёт.

Упражнение 32
1. водит; 2. водила; 3. водить; 4. водил; 5. водит; 6. водила; 7. водили.

Упражнение 34
1. водим; 2. ведёшь; 3. летают; 4. ходит; 5. езжу; 6. идёт; 7. ездили; 8. бегают; 8. водил.

Упражнение 35

1. Я веду машину. 2. Ты едешь на велосипеде. 3. Автобус номер 5 ходит каждые десять минут. 4. Один раз в год мы водим нашу собаку к ветеринару. 5. Мой дядя водит грузовик. 6. Мы едем на машине. Кто ведёт? 7. Дождь идёт уже второй день. 8. Моисей сорок лет водил евреев по пустыне. 9. Пора бегать! 10. Когда ты едешь в командировку? 11. Здесь ходят троллейбусы? Да, они ходят каждые пять минут. 12. Елена Сергеевна ведёт детей в музей. 13. Страусы очень быстро бегают. 14. Куда вы нас ведёте?

Упражнение 36

А) 1. Я несу в кармане крупную сумму денег. 2. Дети несут в руках игрушки. 3. Тигр несёт в зубах добычу. 4. Ты несёшь на плече сумку. 5. Вы несёте на плечах рюкзаки. 6. Мама несёт в чашке чай. 7. Африканские женщины несут за спиной детей.

Б) 1. Катя видела, как кошка несла котёнка. 2. Иван видел, как его брат нёс ёжика. 3. Мы видели, как вы несли цветы. 4. Дети видели, как родители несли подарки. 5. Вы видели, как бабушка несла пирожки.

В) 1. Телохранители будут нести ответственность за жизнь своих клиентов. 2. Министр финансов будет нести ответственность за государственный бюджет. 3. Мы будем нести ответственность за свои решения. 4 Ты будешь нести ответственность за свои поступки. 5. Вы будете нести ответственность за свои слова.

Упражнение 37

1. шла, несла; 2. ношу; 3. идём; 4. водит; 5. ведёт; 6. шла; 7. плыл; 8. несёт; 9. летит.

Упражнение 38

1. носишь; 2. носил; 3. носили; 4. носить; 5. носила; 6. носит.

Упражнение 40

1. носит; 2. несут; 3. ходила; 4. летать; 5. ездила; 6. бегаю; 7. плывут; 8. несла; 9. водит; 10. бегут.

Упражнение 41

1. Вчера я видел, как наша соседка шла по улице и несла тяжёлую сумку. 2. Саша, у тебя есть сто рублей? Да, я всегда ношу с собой наличные. 3. Иван Петрович боится летать на самолёте. 4. Министр финансов несёт ответственность за государственный бюджет. 5. Смотри, наша собака бегает по комнате и носит твои тапки. 6. Дорогая, я забыл, куда мы сегодня идём? 7. Все животные умеют плавать. 8. Полицейский видел, как вор нёс сумку с деньгами. 9. С инструктором водить легче. 10. Я плыву на лодке. 11. Наш начальник опаздывает. Тебе не надо бежать. 12. Я бы хотел летать, как Аватар. 13. Завтра я буду летать на самолёте в первый раз.

Russian Step By Step learning system is designed by an experienced teacher and language course developers to introduce a step-by-step approach to learning Russian. Our goal is to provide the learners of Russian with clear and simple explanations and lots of practice.

For a complete list of titles, prices, more information about our company and learning materials, please, visit our website at

russianstepbystepchildren.com

If you are teaching Russian using our materials, you can contact us regarding a complimentary training at **info@russianstepbystep.com**

You can also follow us on Facebook: **RussianStepByStep**

Available Titles

Adult Learner's Series:

1. **Reading Russian Workbook**: Total Beginner (Book & Audio)
2. **Beginner** Level 1 (Book & Audio)
3. **Low Intermediate** Level 2 (Book & Audio)
4. **Intermediate** Level 3 (Book & Audio)
5. Russian Handwriting 1: **Propisi 1**
6. Russian Handwriting 2: **Propisi 2**
7. Russian Handwriting 3: **Propisi 3**
8. **Verbs of Motion**: Workbook 1
9. **Verbs of Motion**: Workbook 2

Children's Series:

1. Azbuka 1: **Coloring Russian Alhpabet:** Азбука- раскраска (Step 1)
2. Azbuka 2: **Playing with Russian Letters:** Занимательная азбука (Step 2)
3. Azbuka 3: **Beginning with Syllables:** Мои первые слоги (Step 3)
4. Azbuka 4: **Continuing with Syllables:** Продолжаем изучать слоги (Step 4)
5. **Animal Names and Sounds:** Кто как говорит (Part 1 and Part 2)
6. Propisi for Preschoolers 1: **Russian Letters: Trace and Learn**

Printed in Great Britain
by Amazon